光只从黑暗中来

汪萧 著

文汇出版社

《光只从黑暗中来》，既诗意又蕴含哲理的书名；一只古典意象的手，在掀开一块莫名的材料，让人不由自主地想要翻开这本书。

　　汪萧的文字让作者与读者，对同一件艺术作品，包括一部电影或一场表演而产生的复杂的感受相交织，在阅读文字的同时步入"阅读"艺术之境。特别是在今天，尤其需要这种有"渡船"作用的文字，而不是深陷文字本身。

徐冰

2020 年 12 月 15 日

序言

栗子 / 文

序言

　　第一次见到汪萧是在六年前，他和一位年轻艺术家来我的工作室玩，他说他是编剧，因为我很喜欢电影，并且正在策划我的第一个影像作品，所以和他聊得很开心。汪萧谈起电影头头是道，虽然他长得很稚嫩，但是他对电影和艺术的看法毫不稚嫩。最吸引我的是他对当代艺术有自己的判断，而且不俗气，很有品位。我觉得这和他的灵魂有关，他拥有一个高贵的灵魂。我并不了解他出生的家庭，但是我觉得这个不重要，一个人有高贵的灵魂，无论他出生在哪里都是高贵的。之后汪萧去了上海工作，从电影公司的编剧到艺术杂志的专栏作者，他一边继续做电影，一边负责杂志上影视艺术板块的内容，此书的很多文章都是他在上海时写的。有一次他说他要写一篇关于我的影像作品的文章，并为此专门从上海来北京采访我，这就形成了此书中的第一篇文章《美的女祭司》。直到 2020 年疫情爆发，我突然想拍一个关于梦境的视频作品，需要一个剧本，这时候我便找到汪萧来帮我写这个关于梦境的剧本，虽然因为资金问题我们并没有开始拍这个短片，但是他却为此来到了北京发展。之后我们经常面对面交流，觉得疫情让整个世界变得面目全非，我们觉得这是一个最好的时代也是一个最坏的时代。因此我就和他策划在这个不平凡的时代出一本书来纪念这个不平凡的时间节点。

　　说到书名"光只从黑暗中来"，是歌德在《浮士德》里的一句诗。在《浮士德》中代表两种对立力量的反面形象便是魔鬼梅菲斯特。这个人名的原文 Mephisto 在古希腊文中是不爱光明的意思，在希伯来文中是破坏者。因此光是代表一种正义的精神，而这种正义的精神来之不易，它永远在黑暗中摸索并找到出口。因此在设计这本书封面的时候我想了很多方案，当有一天汪萧说他想用他的手作为封面的时候，我突然想到了乔凡尼·洛伦佐·贝尼尼的雕塑《圣特蕾莎的狂喜》。我在意大利时曾三次专门去欣赏这件作品，它在罗马市中心的一座小教堂内，这座雕塑是贝尼尼的巅峰之作，甚至

光只从黑暗中来

栗子和汪萧

可以说是巴洛克时期的巅峰之作。而这座雕塑最妙的是它在探讨光,雕塑后面用金色镶嵌制造出一种迷幻的圣光的效果,而小天使的手捏着圣特蕾莎的衣角,汪萧的手就如同这只手一样有一种纯洁的力量感。于是我们立刻回到我的工作室模仿了"圣特蕾莎的狂喜"中小天使的手捏着衣角的样子,并拍摄了这本书的封面,当我们看到最后的图片时仿佛有一种喜悦感围绕着我们。我和汪萧的共同点在于虽然身处这个时代,我们的身上却拥有一种古典主义的情结,一种摒弃世俗的气质,或者说是和世俗格格不入的气质。我常常说我们在作品中追求一种崇高的精神,汪萧的文字也一样,他身上没有世俗的庸俗,因为他并没有深入世俗生活。他在追求一种崇高的生活和思想,这在当代实属不易,就如一个孤独的孩子。所以这本书需要人们去细细品读,让世界知道在这个时代还有这样一个追求崇高的年轻人。

目 录

序言	栗子	1
一　超人的女性		1
美的女祭司		2
看得见风景的美人蕉		12
信是写给别人的日记		24
秦怡就是人间的美——专访表演艺术家秦怡		34
无穷魅力的女性艺术家卡塔琳娜·弗里奇和琪琪·史密斯		44
二　大师		48
千朵花开在其中，不饮自醉——评何云昌《千重影》		50
行为艺术的超人		56
三　戏剧表演的泰斗与后起之秀		76
表演之欲——专访表演艺术家娄际成		78
宗周异闻录——记剧场导演林翠西、陈老巨		90

四　科技与艺术　　　　　　　　　　　　　　　　98

观念的诗意——浅谈电影中的摄影美学　　　　　　100

反精英化的中国银幕——评电影《流浪地球》　　　106

焦虑症——评电影《疯狂的外星人》　　　　　　　110

AI 时期的电影技术　　　　　　　　　　　　　　　116

五　光只从黑暗中来　　　　　　　　　　　　　　122

光影之后的追求——记《妖猫传》美术指导陆苇　　124

大唐盛世的"西西弗斯神话"——评电影《妖猫传》　134

光只从黑暗中来——专访《村戏》导演郑大圣　　　142

爱似琉璃——专访琉璃工房创办人张毅、杨惠姗　　150

还乡——评法国电影《蔑视》　　　　　　　　　　174

艺术与收藏——由电影《德军占领的卢浮宫》谈起　184

流行病的光影与现实　　　　　　　　　　　　　　190

资产阶级的审慎思考——由电影《去年在马里昂巴德》谈起　194

死亡是一个充满诗意的时刻　　　　　　　　　　　200

一　　超人的女性

美的女祭司

一 超人的女性

《刺》 视频装置
84 cm × 104 cm × 150 cm

电影《诗》中的女主人公，在以诗人的眼光观察对象的过程中间，体会到了投河自杀的少女内心所经历的痛苦，在最后创作出了一首以生命写就的诗，完成了对一个灵魂的观照。

与之相应，在女艺术家栗子所创作的《黑色大丽花》系列绘画作品中，令人得以觑见一个经历过黑暗时刻的灵魂最为温柔的写照。艺术家与她受尽身体伤害的对象间，

光只从黑暗中来

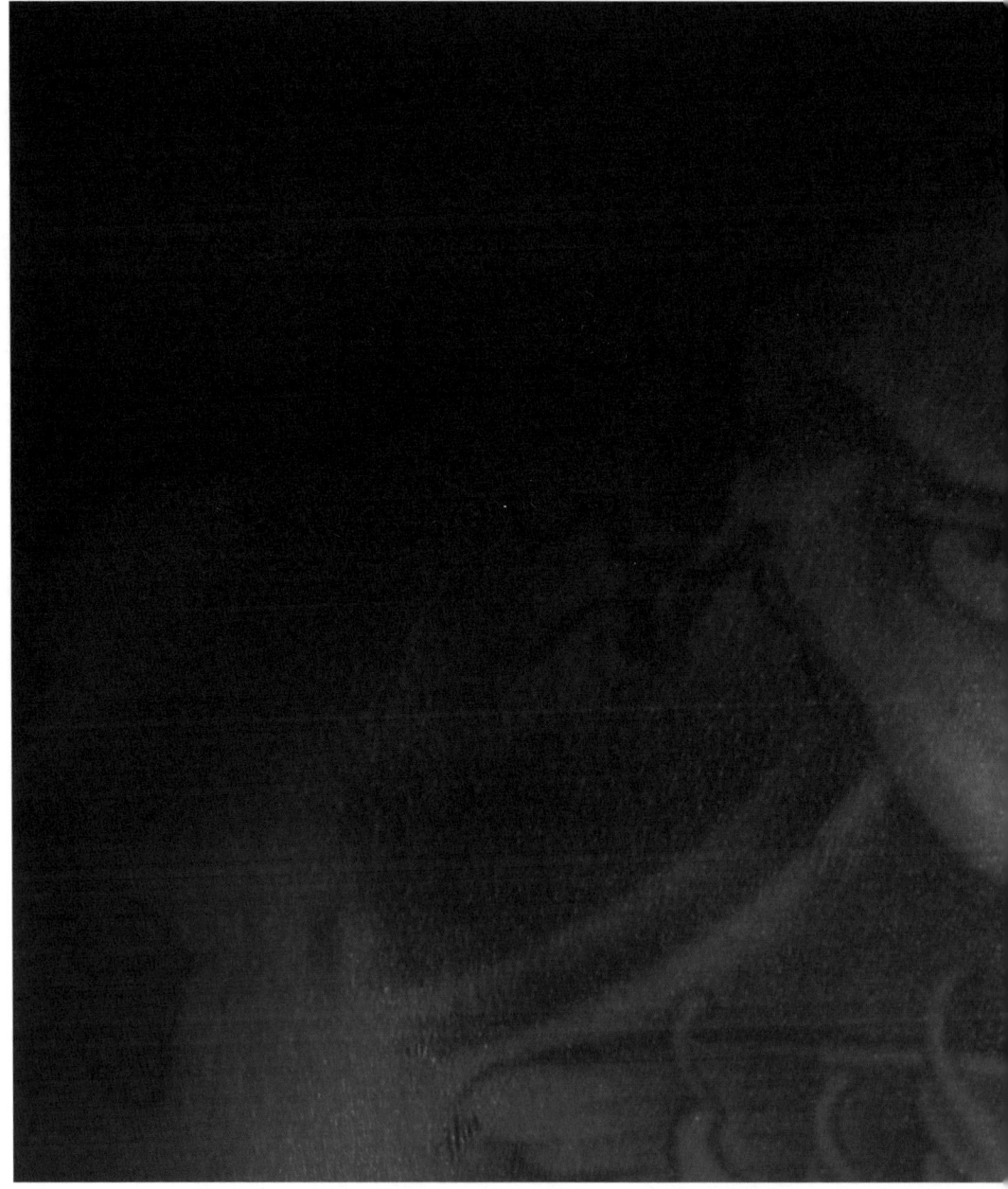

一　超人的女性

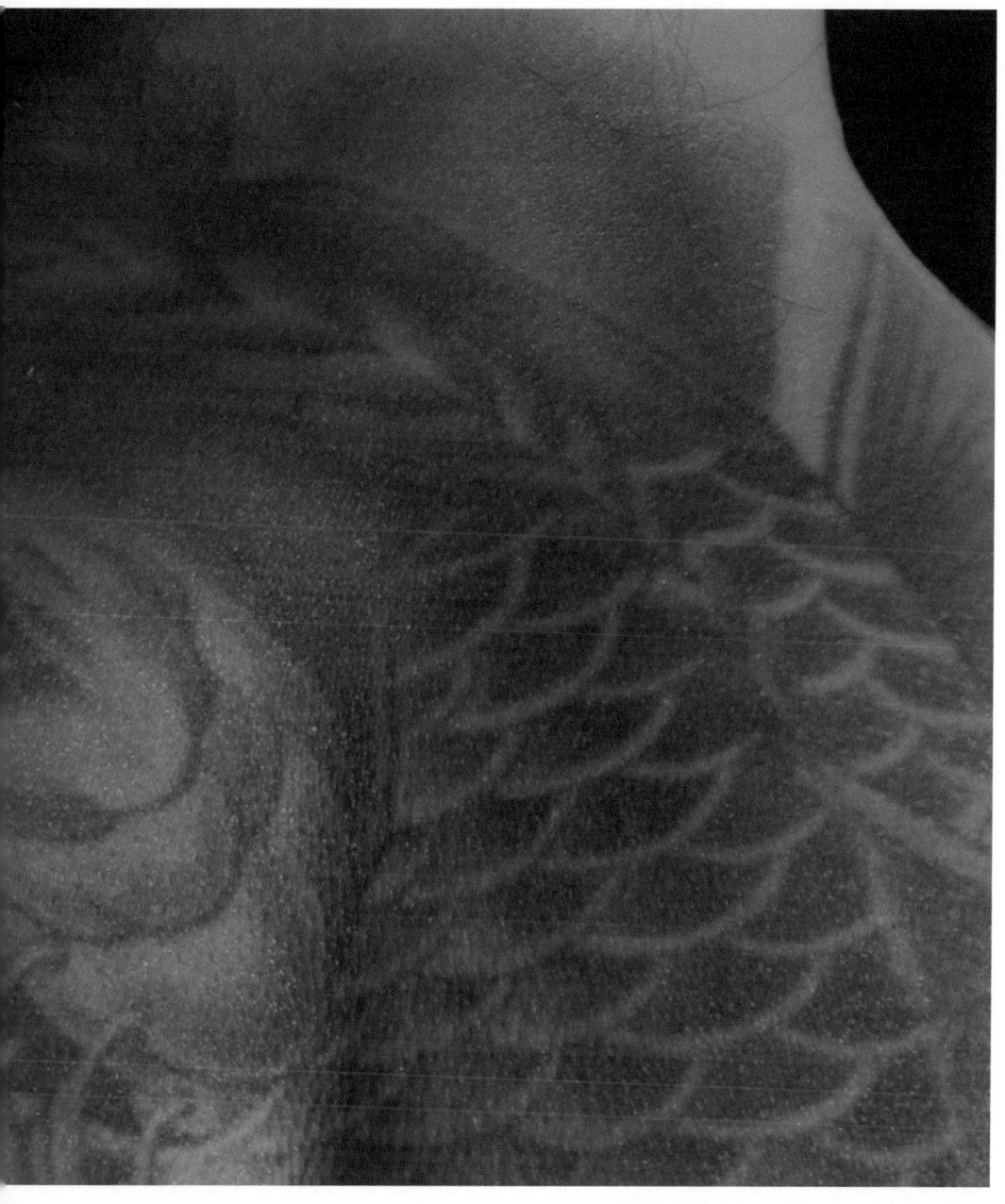

《刺》视频截图
4'51"

达成了一种共情；这份深重的伤害逾越时间与空间的限制，在艺术家的绘画中成为美。

一位艺术家用超越常人的眼光和身体，与对象在精神上共同经历了那种伤害的极限，而精神就是灵魂与肉体的综合。栗子体会了这种精神，用绘画为观看这个系列作品的人提供了一条连通潜意识与超验的路径；在这条隐秘的小径上，一个灵魂得到了理应的尊重和完全的爱。

我们画"架上绘画"，需要表现的是一种气氛，烘托的是一种感情。同样，电影也是要表现一种气氛，表现一种思维方式；画家是通过绘画语言，电影是通过视听语言，同样表现的是每个人独特的思维方式。就像黑泽明，他的电影都有他的思维方式，他的逻辑在其作品里面。

谈到对于电影的这些理解，栗子以艺术家的视角给出了对于语言、形式以及美学的观点。正如她的绘画作品一样，在当中能让观看者身临其境；在由她的主观经验所营造出的气氛中感受如同梦境般的内在世界。

这不禁要令人联想到帕索里尼曾将电影定义为"梦"，而栗子就是这样一位精于营造梦境的艺术家；她所描绘的梦境与弗洛伊德的精神分析有着异曲同工之妙。后者对梦境理性剖析的探究，与之相对，栗子运用更接近一种具有仪式感的化身，智性的洞悉则兼而有之；与帕索里尼导演的那些根据文学名著改编的电影类似，在栗子的绘画中同样将现在与历史中的神话等集体记忆联系起来。甚至可以看出，她在作品中只愿意与过去的一切发生联系。

栗子的创作所导向的是一种已知和确定的真实，在此之中她选择所爱的对象，以及如何去爱。诸如《时间的复现》中的恺撒和《黑色大丽花》的莉莉，便是以上这种创作理念的体现。

《时间的复现》 布面综合材料
200 cm × 250 cm

光只从黑暗中来

《一次别离》 视频截图
124 cm × 93 cm × 151 cm

影像的作品一样是这种创作理念的延伸，《一次别离》可被认为是在栗子的影像作品中最能体现上述理念的一次创作。灵感来源于伊朗电影《一次别离》，栗子借鉴该片中的悲哀气氛，创作成了一件力度更为深刻的作品。为了创作这部短片，她颇费周折地找来了一位亚美尼亚的老人，用亚美尼亚语为短片中的一对恋人间最为心碎的时刻配上旁白。亚美尼亚人，以及这一民族的语言，都具有一种悲剧美。《一次别离》就是对于这种美的展示，可以说栗子是位难得的懂得悲剧美的艺术家。

她作品中的对象都是严酷的代表，暴君恺撒，抑或被极端暴力伤害的个体和民族。她在其中所寻获的是一种世间罕有的伤害和仇恨。然而不能被忽视的另一面，则是她内在所具有的爱的能力，一种与极端的伤害和仇恨所并存的炽烈的爱。因为爱和恨同样都是伟大的情感，占据着高贵灵魂的两面。

巴尔扎克曾说，描写和情节本是两种对立的存在，却是构成文学的根本。

栗子的作品，无论是在绘画、影像，以及雕塑的创作中都印证了巴尔扎克的这一观点；对立产生美，而她是那位向我们传递这种美的使者，抑或说是古代宗教仪式中的一位女祭司，使我们能与美的王国进行沟通，进而领会，产生崇拜。

在古希腊英雄时代的传说和悲剧作品中，女祭司往往承担的是女王的角色，会因为对于爱恨的极度渴望陷入自我的毁灭，整个国家亦会随之倾覆。

栗子就是欧里庇得斯笔下的美狄亚，让观看她作品的人为这种追求美而去行动并因此毁灭的气魄所震惊和感动。

光只从黑暗中来

栗 子

毕业于湖北美术学院油画系，2003 年获学士学位，2007 年取得硕士学位。现生活工作于北京。

多次受邀在国内与瑞士、法国、意大利、德国、美国、马来西亚等国举办个展和参加群展。作品被筑中美术馆，K11 艺术机构、深圳 e 当代美术馆、漓江美术馆、深圳美术馆、石家庄美术馆、上海中邦美术馆等机构及私人收藏。

个展经历：2019 年"LIZI"个展，Visionarea Art Space，罗马梵蒂冈；2018 年"LIZI"当代艺术展，拿破仑私人博物馆，法国巴黎；"直刺灵魂—栗子个人项目"，瑞士洛桑；2017 年"时间的复现"，筑中美术馆，中国北京；2016 年"第五类森林"，e 当代美术馆, 中国深圳; 2015 年"影子的影子"，桥舍画廊, 中国深圳; 2014 年"浮沉"，Fabrik Gallery，中国香港；2014 年"影子的影子"，桥舍画廊，中国北京；2013 年"160 分贝"，悦·美术馆，中国北京；2012 年"迷失"，Director's House，德国柏林；2010 年"阿修罗"，中邦美术馆，中国上海；2007 年"般若心经·彼岸花"，深圳美术馆，中国深圳。重要群展：2017 年"形态之谜"，TOTEM - IL CANALE 画廊，意大利威尼斯；"160 分贝——栗子个人项目"，巴黎大皇宫，法国巴黎；2016 年"the - solo - project 当代艺术博览会"等。

栗子创作早期以架上绘画为主，近几年扩展至装置、影像等多个维度的创作。"神秘感"是栗子作品的最大特点，这应对了哲学上人在世界中存在的基本体验。"这个世界是无限大的，也是无限小的，只是我们在这个点相遇了"，她认为人有无数个前世今生的积累，这构成了绘画中的"异次元空间"，仿佛有"无数维"，由此视觉看见的和没有看见的以一种"幻影"的方式"罩染"在她的绘画之中。

看得见风景的美人蕉

一 超人的女性

《美人蕉1》 布面油画
80 cm × 80 cm

13

光只从黑暗中来

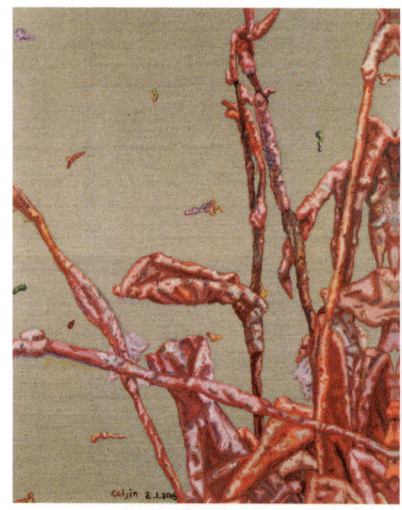
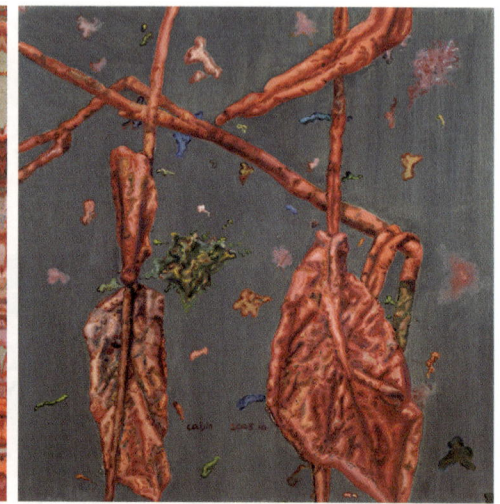

《美人蕉 254》 布面油画　　　　　　　　　　　　《美人蕉 252》 布面油画
81 cm × 66 cm　　　　　　　　　　　　　　　　71 cm × 71 cm

　　自 1990 年艺术家蔡锦第一次在一堆乱草丛中发现了一株枯萎的芭蕉树开始，一个女人与一种单一的事物间由此产生了一种跨越两个世纪的情结，如同是画布与创作的对象以及艺术家身上发生的一个关于灵魂与肉体的美丽传说。蔡锦的"美人蕉"系列就是这样的一个美丽传说，她的灵魂与肉体尽皆通往这种美的源头，她就是"美人蕉"。

　　大片的叶子包裹着树身，一种似肉红色的肌肤。原来的绿色是完全没有了，可眼前枯萎的形和色紧紧抓住了我。那根、茎、叶片里仿佛还残存着呼吸，这是一瞬间的一种无以名状的感触。过去了一段日子，先前的这种感觉时时包围着我，时时晃动着。有一天，在 100cm×100cm 的画布上，我开始触动了那一笔，一种突如其来的快感，似乎是我早已熟悉的东西，黏稠的颜料像一股灵液在画布上侵蚀、蠕动。

　　以上这段呓语般的内心独白更像是蔡锦在向我们讲述自己的一个梦，似乎只有在这个梦中她才会是真实的，而在这场命中注定的相遇之后所发生的一切——作为艺

一　超人的女性

《美人蕉146》　布面油画
160 cm × 140 cm

光只从黑暗中来

《风景 21》 布面油画
200 cm × 190 cm

一 超人的女性

《风景 23》 布面油画
200 cm × 190 cm

家长达 30 载的对同一个对象的不断描绘,俨然已成为一种使命般的创作,这种无法借助理性去认识的行动或许正应验了叶芝的那句诗:"责任始自梦中。"

与之相得益彰的是 1998 年在纽约布鲁克林运河边的一处荒芜的工业废墟处,蔡锦与一个被遗弃的浴缸的相遇,这就好比是一则现代的神话,不禁要令人联想到《圣经》里摇篮中的摩西在河边与法老之女的相遇,正是后者将这个被遗弃的男孩抚养成为后来的那位带领以色列人走出埃及的先知,而蔡锦在这个浴缸内画上了"美人蕉",并在后来的日子里将之不断演变生成了她的艺术创作中一件标志性作品,甚至可以说这是中国当代女性艺术家中一次近乎先知般的创作亦不为过。

光只从黑暗中来

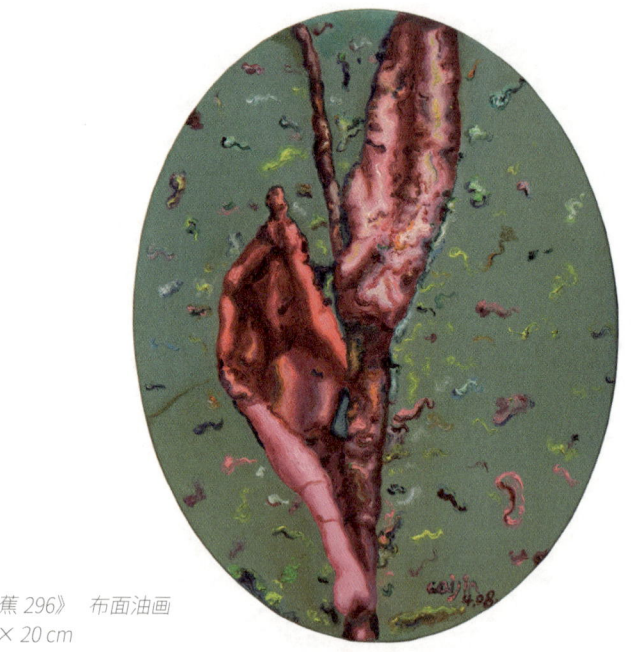

《美人蕉 296》　布面油画
30 cm × 20 cm

　　而在绘画中不拘谨则是蔡锦"美人蕉"系列一个显而易见的亮点，生命在画布上有着一种不断绽放和呼之欲出的摄人心魄的美，映照着她灵魂中对于自然和故乡的无限的爱和眷恋。蔡锦曾说自己受到故乡徽派建筑和风景的影响要超过诸如凡·高这样的天才带给自己的启迪，果不其然的是这样一种从自己生命的快乐之源而来的审美以最为鲜明的色彩与观看的人互诉衷肠。这是蔡锦的红，一种充盈着对于遥远故乡和至亲的爱的灵魂的颜色。

　　这种"蔡锦的红色"还被运用在"自行车座""床垫"以及"鞋子"等现成品，这些物品无一例外都与蔡锦生命中那些最为美好的记忆关联。

　　20 世纪 90 年代蔡锦毅然决然地离开故乡来到北京，由此她选择永别故乡，踏上了一条漂泊的创作与生活并存的道路。那段生活艰难却在创作上硕果累累的日子，正是

一　超人的女性

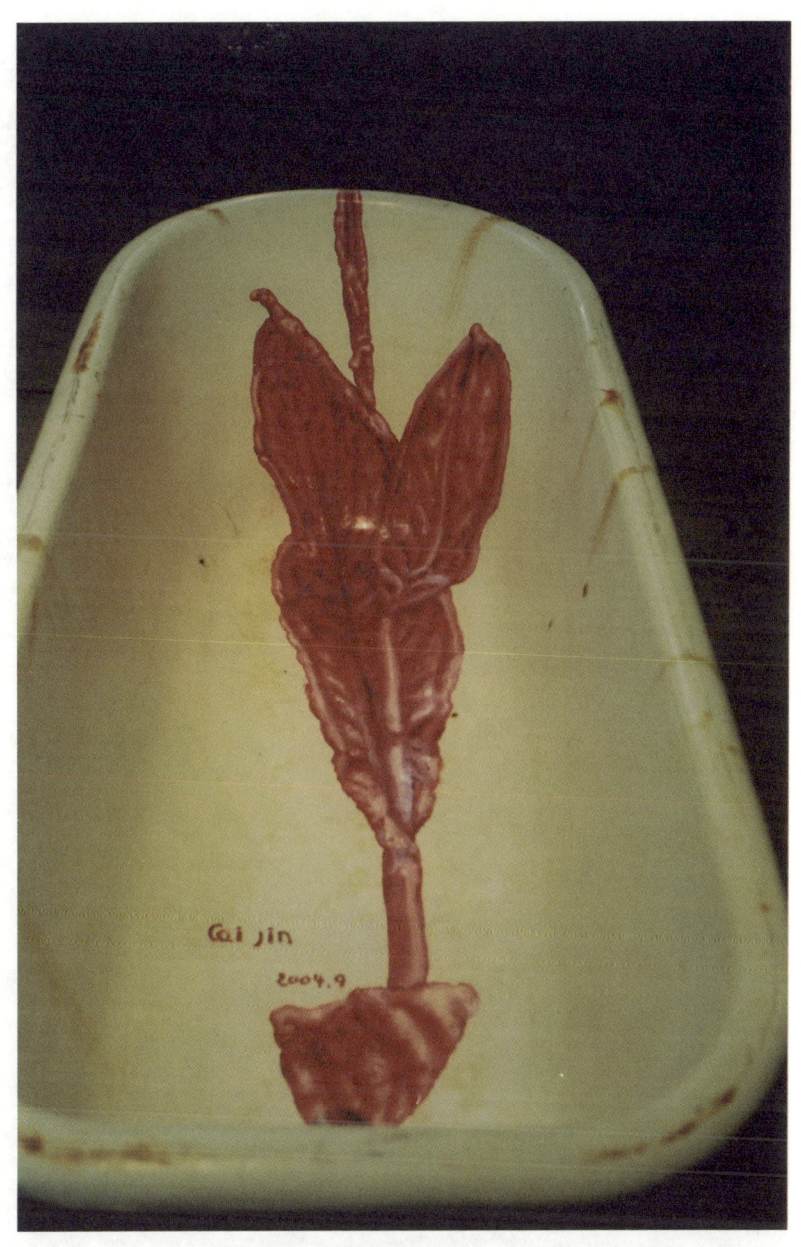

《美人蕉216》　布面油画
190 cm × 70 cm × 60 cm

光只从黑暗中来

《阆苑仙葩》

一 超人的女性

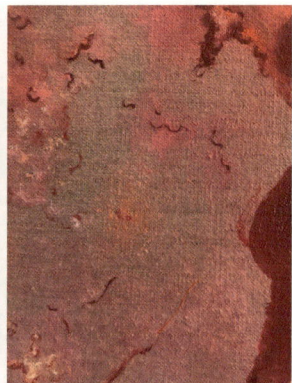

《美人蕉232》 影像

她生命中最好的时候，青春这种东西总能化解生活中的窘迫与苍白。她会把逼仄的斗室拾掇得异常精致，哪怕12平方米的房间内只刚好摆得下一张床垫，她也会每天踩上那双男士的军用皮靴，在打扮得妆容无可挑剔之后骑上那辆被自己刷成红色的自行车去往中央美院画画。那是她富有魅力的时刻，而作为与那个时刻息息相关的"床垫""鞋子"，还有"自行车座"，这些在其后的创作中被她所赋予了炽烈情感的物件，都成为她最好的作品；当"美人蕉"的形象在这些承载着美的记忆的现成品上出现时，我们得以又一次看见一个女人生命最为耀眼的那些瞬间，并与她一道重温这未曾消逝的体验。

"'美人蕉'就是'风景'，'风景'就是'美人蕉'"，这是蔡锦在向人解释"风景"系列绘画时做出的回答。因此，最后借用她在这句话里的释义来结束本文再合适不过。

蔡锦就是"美人蕉"，是一种看得见风景的美人蕉；在她的这片风景中，一位艺术家创作上的日臻完美与作为一个人所葆有的那份纯真始终并行不悖。

光只从黑暗中来

蔡锦

  1965 年出生于安徽屯溪，1986 年毕业于安徽师范大学艺术系，1987—1989 年在铁道部第四工程局学校任教，1991 年毕业于中央美术学院油画研修班，现工作生活于北京。

  个展经历：2020 年"植物公园里的蔡锦"，汉雅轩，中国香港；2020 年"风蝶令"，KENT ART，中国深圳；2018 年"阆苑仙葩"，前波画廊，中国北京；2017 年"花仙集：蔡锦"，艺凯旋画廊，中国北京；2015 年"静态与流变：蔡锦"，艺凯旋艺术空间，中国北京；2014 年"溯源：蔡锦"，前波画廊，美国纽约；2013 年"溯源：蔡锦"，前波画廊，中国北京；2012 年"蔡锦"，中国美术馆，中国北京；2011 年"蔡锦：纸上作品"，Hadrien de Montferrand 画廊，中国北京；2008 年"蔡锦：红潮"，PICI 画廊，韩国首尔；2007 年"蔡锦"，九立方画廊，中国北京；2006 年"蔡锦"，纽约 798 先锋画廊，美国纽约；2005 年"蔡锦：红色的诱惑"，香港汉雅轩画廊，中国香港；2003 年"美人蕉：蔡锦的艺术"，Goedhuis Contemporary，美国纽约；2003 年"蔡锦：红色的声音"，Fujikawa Gallery/Next，日本大阪；2000 年"蔡锦"，纽约康乃尔大学画廊，美国纽约；1999 年"蔡锦：超越画布"，四合苑画廊，中国北京；1999 年"蔡锦：美人蕉"，柏林业洲艺术画廊，德国柏林；1997 年"蔡锦"，Chinese Hand Studies From Life Ethan Cohen 画廊，美国纽约；1995 年"蔡锦"，Kiang 画廊，美国亚特兰大；1991 年"蔡锦"，中央美术学院画廊，中国北京。

信是写给别人的日记

一 超人的女性

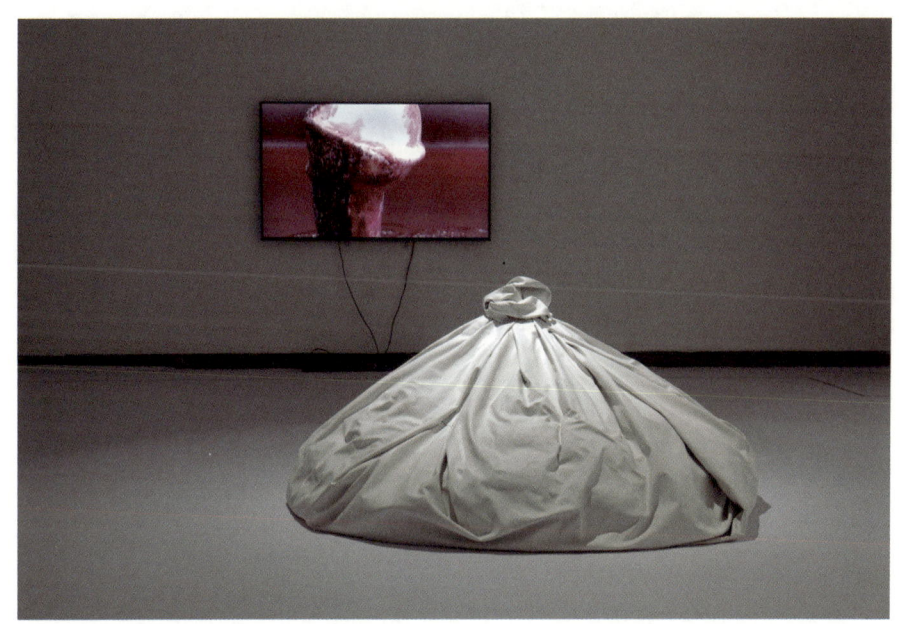

《冰激凌》视频与《你我她他》1

7月7日,在黑桥中心幼儿园"M的房间",青年艺术家徐丝易的个人项目《你我她他》在下午4点展开。与现场播放的视频作品《冰激凌》同步开始的是一件行为作品,亦是为本次《你我她他》这个题目所进行的现场创作。

两件作品在一定程度上可以说是同时展开,也确有着相通之处,其中之一即是对于红色的运用。这不由得令人想起瑞典导演伯格曼曾将红色称之为灵魂的颜色。由此

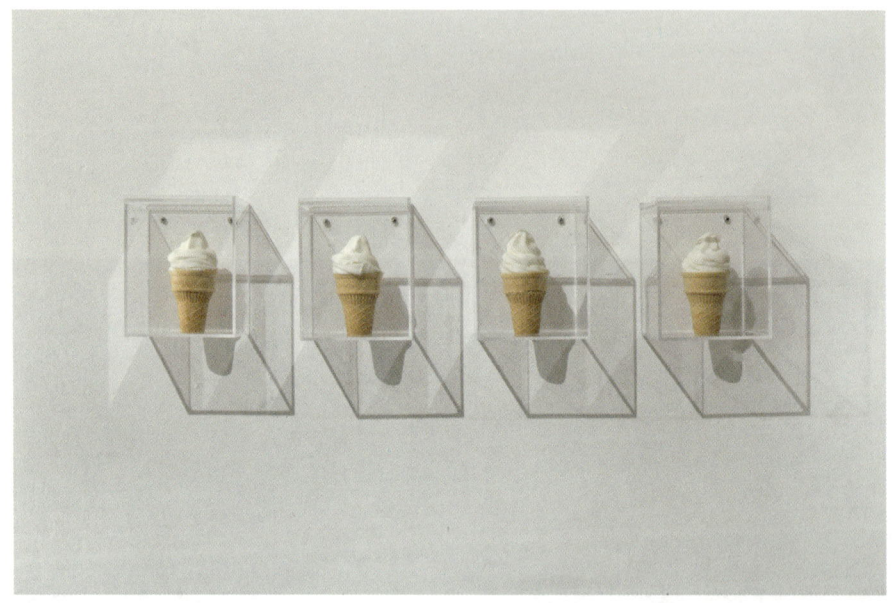

《冰激凌》1

可见，徐丝易在材料的使用上做出了恰当的选择，这一点用独具慧眼来形容亦不为过。

视频中的冰激凌一直在溶解，其间徐丝易则不断地在用红色的油漆为即将消失的事物喷涂上醒目的红色，直至原本有形的冰激凌完全被溶解为一滩红色的液体。

这当中有着鲜明的喻义，为生命中一些注定要失去的事物投射上人的情感，即便这些事物曾如此甜蜜过。从中可以看出一个刚刚成年的青年艺术家，在对生命的体验中难能可贵的觉察。正因为一切为我们所在意的事物终将会消逝，成为存在的反面，故而具备这种认识才会显得弥足珍贵。这不禁要令人联想到已故阿根廷作家博尔赫斯的那句诗："唯有我们失去的才属于我们。"

一　超人的女性

《冰激凌》2

与之相比，《你我她他》这件行为作品则在表现力和理念上都达到了一个更高层次的水准。

将一个形状如汤包的包裹物用剪刀层层打开，被注入其中的红色液体随之流淌出来，在被艺术家用手指蘸过后在地上写下"你"这个汉字；"我""她""她"，还有"他"，这四个汉字则从这个包裹物的表面被一并剪下，与前面的"你"作为呼应。

这场行为的实施，在完成度上可圈可点，节奏和精准方面都有着出色的把控。以至于在整场行为的实施结束后，观看整个过程的著名行为艺术家何云昌不禁直呼："18岁做这件行为作品，起点比我高。"

27

光只从黑暗中来

《冰激凌》3

一　超人的女性

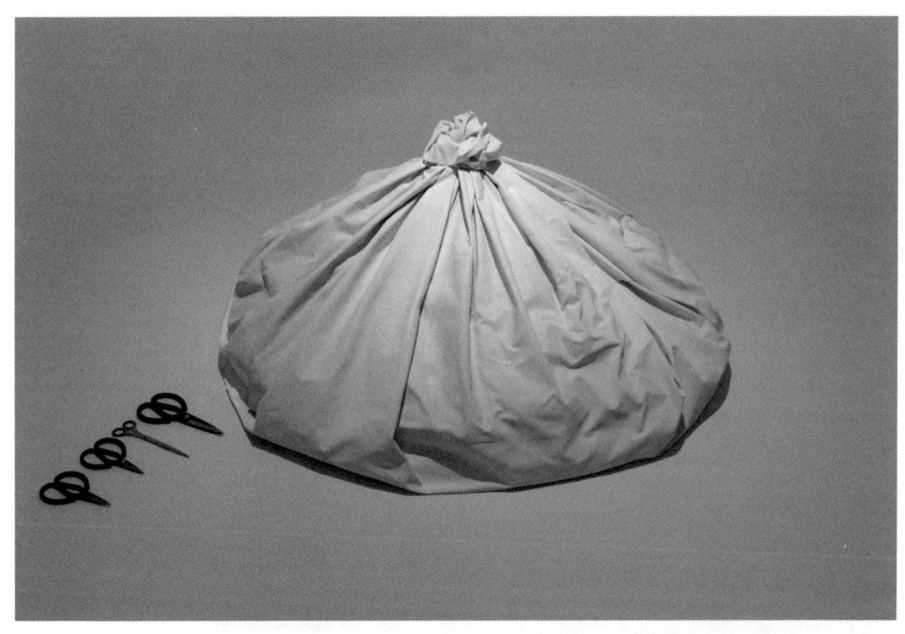

《你我她他》

顾名思义,"你我她他"所要探讨的是个体与他者的关系,以下就是所呈现的这种关系产生的影响。

从汤包状的这件代表统一的包裹物中,分离出了红色的液体,被写成汉字的"你",与被剪下的汉字"她、他",还有"我",构成一种与统一相悖的存在;拉康的精神分析学理论中,当个体从原本的统一中被分割出来的时候,可被视为一个走向独立和被社会化的过程。值得一提的是实施这件作品的艺术家刚满18周岁,从她的这次精心为之的创作中,可以看出其潜意识层面所产生的影响和起到的作用。这似乎是她对于正在经历的一切开始有所觉醒。正如她自己所说的,这件作品的起源是出于自己对成长期愤怒情绪的感受。

光只从黑暗中来

《冰激凌》视频与《你我她他》2

岔开来谈一谈这种感受，在我看来也不算是多此一举。韩国导演李沧东在创作最近的一部电影作品《燃烧》时，就一直在思考，为什么近年来，我们变得如此易怒？全世界都一样，不分国家、宗教和文化，但愤怒的原因各有不同。美国人也在愤怒，所以，特朗普当上了总统。

言归正传，徐丝易对自己所生活的周遭环境的感知可以说是敏锐的，通过这件行为作品的实施，她完成了一次精神上的反抗。在这样的年纪便有通过完整的美学表达来进行心理宣泄的才能，叫人不得不为这种早熟的表现所惊诧。

"他人即地狱"，这一理念脱胎自萨特的戏剧作品《死无葬身之地》，是以一种悲剧的眼光来看待作品所要探讨的现象。与之相对，徐丝易在这一理念的形成和认识上则要显得更为积极和乐观，正如她自己对于这件作品的说法："亲爱的我，这件作品是做给你的，我希望它可以帮到你。"

在结束这件行为作品后，她曾向现场的观众表示，就像有人会通过写日记记录下一些感受，而她则想通过实施一次行为艺术来进行记录，而这件作品其实就是写给她自己的一封信。

对此，我想引用木心的一句话来形容她对自己这件行为作品所做的总结。

日记，是写给自己的信，信呢，是写给别人的日记。

光只从黑暗中来

徐丝易

2000 年生于纽约，2007—2013 年就读于北京青苗国际学校，2013—2014 年就读于北京加拿大国际学校，2014—2017 年就读于北京哈罗国际学校，2017—2019 年就读于美国波士顿胡桃山艺术中学，2019 年就读于芝加哥艺术学院，现就读于芝加哥艺术学院。

展览经历：2019 年"你我她他"，M 空间个人项目，北京；2013 年 "溯源—蔡锦 徐丝易双个展"， 前波画廊，北京。群展：2020 年"青年艺术 100" 启动展，嘉德艺术中心，北京；"无界"，网络展；"Art—Bash"，芝加哥艺术学院网络展；2019 年"自然世界"，Siragusa 画廊，芝加哥；2019 年"青年艺术 100"，嘉德艺术中心，北京；2019 年"怒放"，今日美术馆，北京；2019 年"技术与艺术"，空间站，北京；2017 年"2117+""90 后"艺术新力量作品展，高更画廊，北京；2015 年 "小包裹汇聚 1Doller 的爱"，悦美术馆，北京；2014 年 "童年与远方"，时代美术馆，北京。其他：江南布衣（JNBY），"身份解脱"，2020 年别 BIE；周末画报，"艺术是只属于自我的表达"，2020 年 10 月 17 日，第 45 刊；Dazed Official，"天才少女的野蛮生长"， 2020 年；Jalouse "今晚特辑" 2019 年秋季第 1 刊。

秦怡就是人间的美

——专访表演艺术家秦怡

电影明星、抗日战士、慈善家、一位母亲，该如何形容秦怡这位 96 岁的美人令我不得不字斟句酌；一方面当然是我与她之间隔了整整 70 年，如此年龄的差距总叫我在初见她的时候多了一层顾虑，我带来的问题和她的回答能令彼此都满意吗？

另一方面，作为电影界最有资历的艺术家，她在才华之外的盛名可是出自她向来为人所称道的美貌。"把秦怡铸成雕像，埋在地下，几百年后挖掘出来，也是一座维纳斯。"美术家胡考曾这样形容过秦怡的美。而我却要说，她的美是属于人间的，秦怡就是人间的美。

此番出演陈凯歌导演的新电影《妖猫传》可以说令知悉此事的人都不禁感慨，作为一名演员的秦怡真可谓是老当益壮！

在影片中饰演贵妃身边嬷嬷的秦怡，对这个角色的理解十分清晰，虽然未曾拿到完整的电影剧本，其间也没有得到过导演陈凯歌的任何指导。作为一位演了一辈子戏的老艺术家，她对这个人物的精彩演绎最后博得了导演陈凯歌的连连称赞。"不愧是老艺术家！"——这句话包含了作为晚辈的陈凯歌对这位"国宝级"的艺术家的无限尊崇，要知道这回秦怡可是看在陈凯歌父亲的面子上才答应"出山"的。

与陈凯歌的父亲陈怀皑导演合作电影《青春之歌》

谈起陈凯歌的父亲陈怀皑，他同秦怡的合作是在 1959 年由北京电影制片厂出品的

光只从黑暗中来

秦怡在影片《青春之歌》里扮演林红，图左　　　　　　　　　电影《铁道游击队》剧照

电影《青春之歌》，秦怡在影片中饰演了女英雄"林红"一角，而她的表演令观看过这部电影的观众印象深刻，能够将一个配角演绎得如此打动人心，这实在同她精湛的演技以及与生俱来的魅力分不开。以至于当年随影片主创人员前往日本访问时，日本的观众在观看过影片后，都对现身的秦怡以"林红"相称。谁也不曾料到，时隔半个世纪，秦怡会在《青春之歌》的导演陈怀皑的儿子陈凯歌执导的电影《妖猫传》中出演一个同样是分量不轻的配角。说是配角，却是影片中一个至关重要的人物。且听秦怡老师是如何向我描述她自己在《妖猫传》中饰演这个人物的。

《妖猫传》中秦怡对人物的出色演绎

我就是贵妃身边保护她的人，贵妃死了，其实是被别人害死的，但是有人想把这个事情栽在我这个人身上，就是我扮演的这个人。真正的凶手就藏在那些要陷害我的人中间，他们为了嫁祸给我就说我是妖猫，这就是《妖猫传》。

当听秦怡老师向我条理清晰地陈述这些的时候，我根本没察觉出这已经是一位将近百岁的老人了。当被我问及陈凯歌导演在影片拍摄现场同她的交流时，秦怡告诉我导演只是在她每次演完后会说一句"好极了！"。

在影片拍摄结束后制作的"秦怡特辑"中，陈凯歌导演不禁感慨道："从秦怡老师在拍摄现场的表演中，还依稀可以看出她当年是多么漂亮。"

家喻户晓的银幕美人

此言非虚，秦怡在我父母那一辈人的印象中可是人尽皆知的大美人。身边许多和我年龄相仿的上海的年轻人，在提起秦怡时会说，这是在他们小时候从父母口中听到最多的一位上海阿姨的名字。可秦怡老师绝非那类单凭美貌声名远播的名人，这当然不得不提起她那富有传奇色彩的人生经历。

这在她与著名表演艺术家赵丹共同主演的电影《遥远的爱》中可见一斑。同这部影片中的女主人公余珍的经历相似，出色地扮演了这个人物的秦怡可以说是本色出演。两者都在面对日本人的侵略时，从一个情窦初开的少女迅速成长为一名战士。该片中的余珍为抗日而选择逃离自己所在的那个由赵丹饰演的萧教授构建的表面入时实则腐朽愚昧的保守之家；而秦怡则在她青春年少的时候，毅然选择从一名女学生转变成一名女战士，她不顾学校和旁人的反对及阻挠，几乎是以一种决绝的方式踏上了自己所选择的这条充满险境与激情的道路。而此前从未想过将来要成为一名演员的她，却意外地被导演相中，在战火纷飞的那个年代，在陪都重庆成了家喻户晓的当红女星。这一切对一个少女来说简直如同一场梦，这样说可是毫不夸张。从我读到关于秦怡的这一段经历中，得知当年在上海上学的她为投身抗日救国的第一线，在被深明大义的警察从码头抓住后又释放，最后为了上那艘已经被取走登船踏板的去往武汉的船，她毅然决然地选择在船即将离开码头前直接跳了上去。这需要何等的勇气呀！更何况是对于一个昨天还在学校读书的女学生而言，试想要是没有这奋不顾身的一跳，或许也就不会有日后那位红遍大江南北的演员秦怡了。

电影《母亲》剧照

一个演员的诞生

重庆抗战时期的那段岁月对秦怡的表演生涯是至关重要的。在她回忆自己的那段舞台剧的演出经历时，可以看出秦怡老师对那一场场演出的记忆犹新，还有充满美好回忆的感激之情。用她自己的话说，正是因为那段特殊的岁月，成天的排练与演出才使她成为一个真正的演员。应该说，是年轻时的秦怡在舞台上的不懈努力，才使得她的才貌得到了观众的赞美。据说，在当年那个日本"零式"战机满天飞的重庆城里，为一睹秦怡的美貌与风采，在她每次登台演出时，观众如潮。

秦怡的"黄金时代"

那段时光在秦怡的回忆里也是十分快乐的，她年轻，而且美，还有着平常人不敢梦想的机会。比如当时因为与美国是盟友的关系，重庆的中央电影制片厂里拿到了大量黄金时期的好莱坞电影的拷贝。提起那段在中央电影制片厂看电影的经历，如今的她还会告诉我说那才是好莱坞电影最好的时候，如反法西斯电影《卡萨布兰卡》，而那段时光也应该算是秦怡最好的时候吧！

电影《林则徐》剧照

电影《北国江南》剧照（上）

电影《摩雅傣》剧照（下）

痛苦与甜蜜交织的婚姻与爱情

　　对秦怡的经历略知一二的人都有所闻，她的婚姻和家庭生活是多么的不幸。第一任丈夫是个喝醉酒就对她施暴的人，年轻的秦怡不得不带着年幼的女儿逃离了这个可怕的家。而谈起第二任丈夫，曾经红遍上海滩的"电影皇帝"——演员金焰，秦怡选择了去回忆他身上最好的那部分。在那个连温饱都成问题的年代，会开飞机、轮船和汽车的金焰，在秦怡的眼中简直就是个出神入化的男人。的确，翻看金焰的照片，英俊的外表加上电影明星的光环，就算用今天的眼光来看又会有哪个女人不倾心于这样的男人呢！而这样的男人往往不是个完美的丈夫，他对与秦怡的婚姻不忠，还有了一个私生子。而在他因为饮酒过量而瘫痪在床时，秦怡作为一个妻子原谅了他，并一直陪伴在他身边照顾他，直至他去世。

秦怡在影片《遥远的爱》的最后成为了一名女战士

伟大的母亲与坚强的女性

失去最爱的男人只是秦怡不幸中的一件事，最令她痛心疾首的应该还是她唯一的儿子得了精神病。早年为拍电影而对儿子疏于照顾，结果年少的儿子在学校因为性格孤僻患上了精神分裂症。据我了解，一向坚强的秦怡在面对这样的打击时，她崩溃了。由于儿子的精神病经常发作，秦怡在照顾他的时候常常会遭到亲骨肉的殴打。面对这样的磨难，秦怡只是镇定地护住自己依旧美貌的脸，因为她知道自己还必须要靠着这张脸出去演戏养家。儿子已无成为正常人的可能，作为母亲的秦怡没有放弃他。终于，在秦怡慈母般的关怀下儿子竟学会了作画，并且在2002年5月于上海波特曼大酒店举行的一次义拍上他的作品被好莱坞明星施瓦辛格重金拍走。就连施瓦辛格都为秦怡和她儿子的故事所感动，不禁动情地对秦怡说道："一个弱智的人能画出这样的作品简直就是奇迹，而这证明您是一位伟大的母亲！"

是母爱的天性，唤醒了我的责任。儿子，还有我的姐姐，他们无依无靠，需要我去照顾，没人能替代。有一次我对儿子说，妈妈死了你怎么办？儿子回答我：'你死了，我也去死。'我紧紧地抱紧他，难过得喘不过气来。一个精神上的残疾者，比身体残疾更需要爱。我是一位母亲啊！说起来心里也酸楚，我从来没有其他幸福的女人躺在丈夫臂弯受宠的感觉，也没有哪位亲人能为我分解忧愁。我得挺直，不能趴下，我要工作，我要挣钱养家糊口。我必须克服自己的软弱。

当读到秦怡老师这番话的时候，我不禁为之感动，这是何等坚强的一位女性！她的这份母爱又是如此地令人感到温暖。一刚一柔的两面，综合起来才是一个完整的秦怡，而这正是她身上所展现出的人间的美。

时过境迁，风采依旧

今天，作为演员的秦怡依旧活跃在银幕上。在谈到自己现在的片约一直不断时，她甚至开玩笑地对我讲道："我都快死了，还老来找我演，这是干吗呢。"

经历过那么多的苦难与生死别离，秦怡显然已经将生死置之度外了。当回忆年轻时在重庆曾遭受某位品行低劣的导演的霸凌时，她气概不凡地对我讲道，"打仗我都不怕，我还会害怕这种小人吗？"这不禁令我想到她在重庆时主演过的话剧《战斗的女性》。是的，秦怡的一生就是在战斗中度过的，同侵略者、同苦难与不幸，还有同自己的伤痛。她曾在一篇文章中谈道，"人不要老是回忆在痛苦中，老是去揭开过去的伤疤，那样太折磨人了，告别昨天的伤与痛，出征人生的新旅程"。

愿秦怡老师健康长寿，出征人生的新旅程！

光只从黑暗中来

秦怡

电影《青春之歌》剧照

1922年生于上海，中国著名演员、艺术家，2019年获"人民艺术家"国家荣誉称号。1938年，秦怡来到重庆进入中国电影制片厂当实习演员，在此期间，演过话剧《中国万岁》《正在想》和电影《保家乡》《好丈夫》。1941年秦怡离开中国电影制片厂，进入中华剧艺社，成为该社演员。在长时间的话剧舞台实践中，秦怡的演技不断进步，在话剧《草木皆兵》《离离草》《桃花扇》《戏剧春秋》《结婚进行曲》等中都有出色的表演，成为当时最受欢迎的演员之一，与白杨、舒绣文、张瑞芳一起被称为抗战大后方重庆影剧舞台上的"四大名旦"。1947年秦怡在上海走上了大银幕，参加了电影《忠义之家》《母亲》《无名氏》等片的拍摄。由陈鲤庭编导的《遥远的爱》成为她的成名作，2017年上映的《妖猫传》是她至今参演的最后一部电影。

无穷魅力的女性艺术家
卡塔琳娜·弗里奇和琪琪·史密斯

Charm 这个词在古代与巫术相关，而使用这种巫术的特权在今天正被艺术家这个身份的形象，以一种大众传播的方式为我们所目睹；这就是说，公众眼里的艺术家更多的是在扮演着一种近乎古代"祭司"的角色，而两位德国当代女艺术家卡塔琳娜·弗里奇与琪琪·史密斯所施用的这种"巫术"则将她们俩的无穷魅力展现得淋漓尽致。

在她们作品的叙事中，不约而同地从各自成长的经历中汲取"养料"，再通过女人天性中与生俱来的那种近乎先知先觉的敏锐，将一件雕塑、一幅版画及一个现成品以独具慧眼的形态塑造而成，并为我们所倾慕与崇敬。

《格林童话》中《聪明的农民女儿》这则寓言在卡塔琳娜·弗里奇的雕塑中被重新焕发出了当代价值；女性的机敏同相比之下男性的迟钝，这样的情形在今天的社会中仍旧司空见惯；女性的作用代表着希望与进步，而总是因循守旧的男权社会所表现出的愚昧与反动自然相形见绌，这为审视如此这般出处的作品的人中间那些具有判断力的观众所不齿。

有过之而无不及的另一件卡塔琳娜·弗里奇的雕塑《男人与老鼠》，更是将这种两性关系间的对立以一种富有戏剧性的方式呈现，令人忍俊不禁的同时反省在以情感为纽带的恋爱中，是否存在着一种灰色地带。在这样一个充满荒诞意味的场域内，人类过往的经验正变得愈发贫瘠，以至于本该占据主导作用的男性似乎陷入了一种长眠不醒的昏聩，相反女性却如同巨大的黑鼠一般充满活力和具有"侵略性"；当男性堂而皇之地成了"猎物"，两性间权力的颠覆就在这样一件戏谑般的作品中被一览无余。强大且智慧的女性与羸弱不堪又被动的男性，在童话故事抑或现实之中都以一种妙趣

光只从黑暗中来

《刺》 视频静帧截图
4'50"，尺寸可变

横生的方式，在作者与艺术家的创造中昭然若揭。

而她为创造作品所展开的思考可以说是一以贯之的，前面提到这种对性别与身份问题的探讨，相同的逻辑总是会不一而足地体现在雕塑作品《宴会》《僧侣》《医生》以及《商人》中。今天在人类社会的各个方面都面临着相同的一个问题，即"语言"的贫乏。缺乏有效的沟通所导致的一系列后果正在将个人从其原本隶属的群体里分离出来，网络时代则加剧了这种分离的产生与随之而来的群体性的"沉沦"。尤其是在《宴会》中，32个相同着装的黑衣男人全都使用聚酯材料塑造成整齐划一的形象，一个个平庸之辈在亦步亦趋地服从与之相同的对象，这并不是真正意义上的交流，而是他们在扮演着相同的"角色"，并选择了"沉沦"。

由此构成的一种毫无生机的集体，所导致的后果只会是有意识的生命被排除在了这类自行其是的群体之外，并不可避免地遭受到那样一个乏善可陈的西方社会的"异化"。

与卡塔琳娜·弗里奇这样通过智性来认识世界与创作艺术的方式不同，同为女艺术家的琪琪·史密斯则更多的通过感性来认识事物，并赋予其一种新的审美；这种美是由内在的真实体验产生的，让观众不禁要与生命中那些伤痛和去爱的部分感同身受，然而这两样即是通向美和创造美的一条捷径。

同样是受到童话故事的启发，琪琪·史密斯用绘画与雕塑再现了家喻户晓的《小红帽》。画面中的"小红帽"与她的外婆从狼的体内逃出，显然借鉴的是格林兄弟的版本。单从她所描绘的这一点来看，狼的存在与女性的身份形成一种对照的关系，更有甚者的是在雕塑作品中，她大胆地将两者结合。

今天女性走向独立，在一部分女性积极与男性竞争而最终取代男性的过程里面，正以愈发鲜明的特征从这样一件耐人寻味的"女人"的雕像中为我们所共睹，并以此种全新的面貌被爱着。一种气概不凡的女性，用她那种不断向上去争取美的"惊艳"，让人深爱和崇拜。

二　　大师

何云昌《杉山》行为作品

千朵花开在其中,不饮自醉

——评何云昌《千重影》

二 大师

《二年之后》 翡翠 1
"千重影——何云昌个展"展览现场 © 山中天艺术中心
645 cm × 240 cm × 240 cm

  艺术有自己的魅力,它吻合了万物运行的大道的自然规律,这样想的话,这个世界多美好啊。三年不行,再来三十年,再来三百年,我们可能已经不在了,但是我相信世事总是有好的运行规律,所谓'千重影'正是相信有千朵花开在其中,不饮自醉。

——何云昌

光只从黑暗中来

二 大师

《无限江山》 翡翠
"千重影——何云昌个展"展览现场 © 山中天艺术中心
41 cm × 1281 cm × 1.78 cm

光只从黑暗中来

《三年之后》 翡翠 2
"千重影——何云昌个展"展览现场 © 山中天艺术中心
645 cm × 240 cm × 240 cm

就在所有人都以为理解他的时候,他又一次凭着自身所具有的那种对于世道的洞悉与悲悯,为我们带来了一场足以令人对其刮目相看的"光影"盛宴。这道光穿透黑暗抵达未来,又从那样一个饱含美好夙愿的未来时刻返还,最终落在一片片"桀骜不驯"的翡翠表面。

《三年之约》的那转动着的风铃似的声响,连同上面提到的这种彼时之光所回馈给此刻憧憬着永恒的众生中的一员,令人感受到了一种悲哀中的永恒之美。人并不完美,于是由我们中的一位深谙这种现实的集大成者,对这种尘世所不及的天河般璀璨的美做着身体力行的呼唤,为的是告慰我们中祈愿美的那一些人。

那么,继续生活在此岸的人便可以通过这些零星的幽光照亮前行的道路,在《千重影》这个寓意着梦想与现实之交汇处的场域，与不可能的彼岸世界达成一种"唐·吉诃德式"的约定；明知不可为而为之的中国文化中的大义凛然者，既是替所有人去进攻那座风车的骑士，又是我们当中最平易近人的存在。他身上有着一种古老先知的牺牲自己的信念，为换取美与良知而不惜赌上名誉和生命，何云昌就是这样一位真正的艺术家。

在何云昌所展示给我们的世界中，真正的信仰来源于自然与人性的浑然一体，这可能就是中国的文化和艺术中所追求的最高境界，即天人合一。

最能体现这种精神特质的部分就是展览现场由《无限江山》这件作品所构成的一片"原始森林"，这个充分利用了翡翠通透的特质，从人工光源和自然采光中共同构筑的奇异的绿光之境，不禁令人联想到何云昌的故乡云南所特有的热带雨林，一种交织着潮湿与旺盛的生命力的乡愁。何云昌曾告诉我，他最早的理想是成为诗人，而这种乡愁正是诗人气质的完美体现。故乡所带有的那种童年记忆里的无上快乐，成了漂泊在外的这位"诗人"看待世界的一抹色彩，而借用翡翠所折射出的这种浑然天成的无限风光，胜过人世间一切虚幻的大厦。诗人眼中的这个世界是有着勃勃生机的无忧无虑的天堂，世道中人所面临的万般无奈的困境，以及那些转瞬即逝的辉煌事物在这个"天堂之境"的映照下顿时黯然失色。现实世界里一切物欲横流的精神贫瘠，此时远逊于艺术家灵魂里的丰饶之美。

《千重影》就是何云昌的行为和目的，翡翠所代表的则是他向来不假思索便会投身其中的那类无法估量的壮举的动机。在这动机的背后，是一个男人将自己的品位和修为与他所处的这个世界的命运紧紧联结在一起而形成的力量，最后以美轮美奂的形态令人沉醉在这漫漫长夜的光亮之中并思考我们所要共同面临的问题。

而他置身其中，却自始至终笑而不语，等待着更多像我一样的人来解答他所出的谜语。

行为艺术的超人

二　大师

《金色阳光》行为作品

今年国庆的北京，我在草场地那片灰砖建筑群中的一座庭院内见到了行为艺术家何云昌。距上次见到他还要追溯到一年前在草场地的一次聚会，当晚我们俩喝了黄酒，犹记得昌哥的酒量不错！

作为当代艺术中最独树一帜的艺术形态，行为艺术与其他形式的艺术创作，诸如架上绘画、装置的区别在于对人的身体的利用。意大利导演帕索里尼作为现代电影中

57

最异端的那一类创作者，亦同样在他的视听语言中惯常利用人的身体，并且深究了说是不带有现代社会所主导的披着商品化外衣的身体。正如这位从诗人转做导演的大师所言，在消费主义盛行的现代社会，人的身体是唯一不可被商品化的。何云昌对这种看法持认同态度，并强调从严格意义上讲人的精神是不可以被出卖、被消费的。何云昌的行为作品无一例外都体现了他上述的观点，即人具有独立意识，以及对自我进行掌控。

收获"长生果"的行为诗人

去年在今日美术馆为人们呈现的行为艺术作品《长生果》，使得对何云昌过去行为作品略知一二的人不免感到意外。用他自己的话说就是《长生果》这件作品，与之前在创作手法上接近的《草场地十世》相比更为温婉。在《草场地十世》这件作品中，体现了艺术家对人类的终极关怀。用何云昌自己的话说，是关乎天下和他者的一种情怀。具体而言，就是人如果连花花草草都在乎的话，那么人的整个系统可以进步到一个更为宽广和有厚度的良性态势中去。

更为隐晦的作品《长生果》则显现了艺术家的雄心和耐心，诚如他所言。在今日美术馆所做的这场行为的形式为"辟谷"，即绝食。何云昌在这三天当中凭精神生存，目的是为了见证面前的 500 斤花生米发芽，变成象征性的"长生果"。这显现了一种人世的无奈和人在困境中抱有希望的生命力，一言以蔽之，这就是生存。与之相映的《草场地十世》所带有的诗意，让人感到假如何云昌不做行为的话，他事实上就是一个诗人。

在最初对这件作品的设想中，从一首唐诗受到启发的他本准备在"长城下""阴山下"躺一个月，从开春前一直躺到山林染绿。然而现实的情形是，没有资金可以支撑他完成这样一场既雄心勃勃又富有诗意的对生命形成的演绎。于是我们的艺术家只得退而求其次，选择在自己家的院子里完成了这件诗意的作品。

二 大师

《长生果》行为作品

光只从黑暗中来

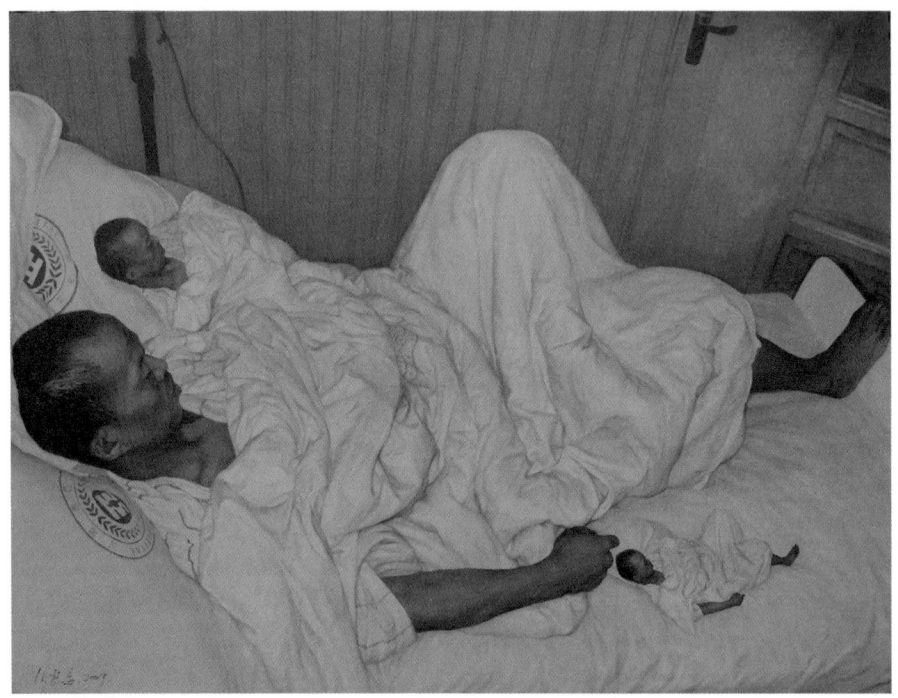

《自己和自己》 布面油画
120 cm×90 cm

"我觉得一个现代的人，他应该对人自身的这种现代性有一个自觉的认知。"这句话包含了何云昌对人的一种期许。这从他20世纪90年代末期的作品《金色阳光》和《移山》，以及21世纪初的作品《石头英国漫游记》中所显现出的无效性可见一斑。今天一部分人所奉行的实用主义和功利主义至上的原则，在他的这一系列以"无效性"为观念切入的作品中，被彻底颠覆。

在作品的属性上，具体到如陈丹青所言，一部分艺术家们的作品是对位的，对应这个时代的；而他本人的作品则是错位的。对于曾自称是不活在今天这个时代的何云昌而言，对于自己的作品他有着另一番解读。用他的话来说，他的作品都是他自己生命历程当中的一些切片，就这一点而言，他认为自己的作品应当是对位的。

二　大师

何云昌和生命中最重要的六个女人

透视艺术家与社会的关系

　　回过头来再谈何云昌的其他作品，《抱柱之信》取材自《庄子·盗跖》，从中不难看出艺术家在创作作品前的宝贵积累。而对于为何会选择以一则故事，或者说是寓言作为创作的手段时，何云昌笑称自己并不是着迷于一则故事所讲述的内容以及形而上的哲学思考。原因仅仅是行为艺术自身所带有的隐晦的特点，需要他借助在现实中已被大众所获悉的元素作为作品的切入点，以便于观众对作品的理解。

　　何云昌则把这些元素在作品中所起到的作用，形象地比作一个药引子。从中可以看出一位艺术家、一个创作者的用心程度。正如马塞尔·杜尚所言，观众才是一件作品

61

的最后一环，不管是在今天找到看懂你的观众，还是说在一百年后找到观众，始终没有找到观众的作品是一件不完整的作品。这位现代艺术之父的话，何云昌不一定听过，但却是自觉地按照这种方式去努力的。这同今天许多艺术家和作家大为不同，作家木心就曾批评文化界的一种通病，一针见血地指出部分创作者，应该是为数不少，把观众和读者看得太低这一现象。一个拥有太多观众的艺术家不一定是好的艺术家，但一个总是没有观众的艺术家不称其为艺术家。

谈到艺术家与观众的关系，延伸出来可以上升到艺术家同社会的关系。何云昌一向秉持着一种看法，认为一个政治家在社会中的作用是要远远大于一个艺术家的。而具体到艺术家在社会中的作用，何云昌认为相比于可以雷厉风行的政治家，艺术家的作用往往是温婉的。

"作为上层建筑的艺术，在每一个时代都应该成为最温暖人的部分。"在这次拜访之前对何云昌的印象，感觉他是个不善言辞的前辈，甚至有些羞涩，但当听到这样的话时，我不禁动容，这是一个内心充满了对世人的爱的男人。

难怪木心会将耶稣形容成是集中的艺术家。在自己的作品中承受常人无法想象的痛苦，这成了何云昌的行为艺术的标志。当访谈进行到这个部分的时候，我感到我终于开始真正懂他了。何云昌就是一个胸怀天下的艺术家，只可惜他没能成为政治家。这样的评价加在何云昌的身上，我认为一点都不为过。

而他本人则向来是谦虚的，这一点从他在评价同为行为艺术代表人物的谢德庆时可见一斑。虽然之前有一篇文章曾将何云昌做行为艺术的方式同谢德庆的方式放在一起做比较。但何云昌在谈到谢德庆时，则毫不保留地将其称为艺术界的一座高峰，是行为艺术界的一座纪念碑。而我认为这样的溢美之词能够出自一个在相同领域内具有竞争关系的人实在难能可贵。因为但凡熟悉中国行为艺术的人都不得不承认，何云昌本人也是配得上自己对他者的这番赞同的。他的这一举动不禁令人追溯到中国古代由

二 大师

《释然》 布面油画
320 cm×230 cm

墨子所开创的侠义精神，在今天依然能够找到适用的例证，那便是一种英雄惜英雄的情怀，严重到一个男人可以为了另一个男人去死，这样的情怀显然是不能够用弗洛伊德的《性学三论》来解释的。

聊大师之历年名作

对于一年只做一件作品的何云昌来说，他今年的目标已经提前完成了。而他自认为自 1994 年从事行为艺术以来所保持的一年只做一件作品的规律，对他而言是最好不过的。

《尘缘》 油画
320 cm × 230 cm

提起他今年 6 月完成的最新的行为作品《草界风语》，用他的话来讲这件作品是关于信息的。这场行为艺术的实施过程极其简单，就是何云昌跑到一处草地上，拔起一棵小草不停地对它讲话。这棵幸运的小草在听完艺术家持续一个小时的讲话后，被重新种回原来生长的地方。当被我问到这棵草在经历了这一切之后，同别的草比起来会有何变化时，何云昌不失风趣地告诉我，那棵草可能死了，并且在最后毫不避讳地将那棵草比作是他自己。回到作品的理念上，他认为信息就像河流一般不可阻挡，要去试图阻截信息的行为是一件可笑的举动。这场行为从社会现实的层面反映出了每个人在面对问题时的态度，有的人的做法是在解决问题，而另一些人则是在制造问题，这当中的差异是不言而喻的。

尼采说人是一种要被克服的东西。在何云昌的身上，在他的一系列行为作品当中，哲学家所说的克服被以最佳的情形展现在了这位艺术家的身上。

二　大师

《预约明天》 油画
174 cm × 144 cm

《长生果》这场在今日美术馆实施的行为，则令人看到了何云昌的另一面。毕竟与《抱柱之信》相比，创作两件作品时间的间隔已经有 15 年之久，现在的何云昌也已是年过半百的人了。用少了锋芒来形容这时的何云昌，当然是不恰当的。应该说，已到知天命之年的何云昌似乎越来越清楚自己还能够去做并且应当去做的事。

我们常常会把某一个领域内的佼佼者称作大腕，或者大佬，但却并非每个在自己的领域内做出突出贡献的人都可以被称作大师。原因其实很简单，这样的区分也并非无迹可凭。衡量一位杰出的艺术家是否配得上大师的称号，只需要看其作品是否具备以下两个特点。其一是他的作品中有芸芸众生；其二是超越了他自己，用尼采的话说就是为超越自己去创造。从这两个方面来看，何云昌是当之无愧的行为艺术大师。

《石头英国漫游记》可以说是何云昌的作品中主题最明确的一件作品，给人的感觉很轻松，甚至可以说这是何云昌最平易近人的作品。换句话说就是，这件作品事实上人人都可以做，当然首先你得有护照和去英国的机票。整个过程是何云昌在英国海边拿起一块石头，沿着英国海岸走了一圈，最后回到开始的地方再把石头放回原处，历时 112 天，行程 3500 公里。对于平日里喜欢健身、酷爱散步的人来说，这并非什么惊人之举。

和今年 6 月最新的行为作品《草界风语》近似，这对于普通人来说都是可以办得到的事。从荣格所开创的分析心理学的角度看，艺术家的作品所应该具备的无非就是这种能够在大众心中唤起已知，却在平常生活中未曾意识到的部分。

与行为大师漫谈当代艺术之现况

而谈到当代艺术，何云昌一语中的地表示，当代艺术就是要具有一种观念至上的创作习性。而观念绝非来自书本，或艺术史，它脱胎自对现实社会的观察和体悟，最后成形于一次完整的创作过程，甚至可以认为最后完成的作品本身在这一获得观念的

二 大师

《草界风语》行为作品

《石头英国漫游记》行为作品 1

过程中屈居次要的地位。

把这看作对当代艺术的定性或许有未尽人意之处,但作为一个从事当代艺术、行为艺术 24 载的艺术家,何云昌的这番表述自然有他的权威性在里面。改革开放后的 30 年所造就的这场前所未见的中国当代艺术运动,不论是身在其中的最具代表性的艺术家,如何云昌,以及这天在拜访何云昌的工作室时遇见的当代艺术摄影师王庆松等一批出类拔萃的艺术元老,或者是在这之外的,仅仅是参观美术馆的一个游客。所有的人都不无遗憾地感到这场艺术运动的高潮,可以毫不客气地说是戛然而止了。这当中最具象征意味的,非北京 798 艺术区的尤伦斯当代艺术中心被挂牌出售一事莫属。

然而何云昌对于我提问行为艺术在今天是否仍然具有先锋性时,他的回答是机敏

二 大师

《石头英国漫游记》行为作品 2

69

光只从黑暗中来

二　大师

《石头英国漫游记》行为作品 3

的。在强调观念先行的同时，他向我打了一个恰当的比方，如果把行为艺术家看作是一名职业运动员的话，他在赛场上使用的技法是随机应变的，但必然不是 50 年以前的。随着理念的不断调整和创新以及表现形式的变化，行为艺术会焕发新的活力。同时，青年艺术家的崛起决定了这种艺术形式的未来。

在谈到这一问题时，何云昌还是乐观的，并鼓励青年艺术家"背井离乡"，到北京、上海、广州，甚至是纽约和巴黎这样的大都会去寻找从事艺术的可能。"只要有心愿，就马上出发。"这样一句话言简意赅，而这其实也是一位艺术家的必经之路。因为在他看来，都市作为一个人类文明的中心，具有海量资讯以及现实的当下性，从中可以看到当下发生的一切，以及这其中一切人的作为。影像的、观念的、装置的、综合绘画的，诸如这些艺术形式的第一手资料，对于一个正在成长中的年轻艺术家无疑是至关重要的；而从书本上获得关于博伊斯和伊夫克莱因在 20 世纪 70 年代所做的行为艺术，这种方法都已经过时了。

这位当代艺术界的前辈，希望他的后继者们能够为自己工作，就是说要为自己做作品，不为某一位收藏家，甚或是某一家艺术机构。

而在本文的最后，我想谈谈行为艺术在当下的状况。众所周知的是这种表现形式的艺术，曾在 20 世纪 70 年代的世界以及 80 年代改革开放之初的中国，给大众认识世界的方式造成了巨大的冲击。今天再回过头来审视这场曾经一度兴盛的艺术运动，应该说已经到了时机。

一种新艺术手段的出现，包括一个与众不同的人的出现，往往是不能够即时对其做出公正的判断的。但当今天愈来愈多的人，开始用客观的并且是思辨的眼光看待行为艺术的时候，可以毫不讳言地说，这意味着这种艺术形式的生命力已经不可避免地走向衰退。这当然是一个悖论，但却是我们要掌握这门艺术的唯一路径。

二 大师

《草场地十世》行为作品

本文图片均由何云昌工作室提供
原文刊登于《FORTUNE ART》杂志
2017 年 11 月刊
（本书有删节）

光只从黑暗中来

何云昌

1967 年出生于云南，1991 年毕业于云南艺术学院油画系，现居住和工作在北京。近年个展包括："啊昌"，今日美术馆（2016）；"王道至柔"，墨斋画廊（2015）；"尘缘"，白盒子艺术中心（2014）。曾在英国、美国、比利时、印度尼西亚等地举办个展。参加展览有长江国际影像双年展（2014、2017）、横滨三年展（2014）、第 55 届威尼斯双年展（2013）、广州三年展（2012）、成都双年展（2011）、第十届福冈亚洲艺术三年展（2009）、"墙"中国当代艺术主题展（2005）、沙迦双年展（2003）、釜山双年展（2002）、不合作方式（2000）、广州双年展（1992）。所获奖项有：2017 年第二届长江国际影像双年展金奖、2011 年首届颜文梁青年艺术奖、2010 年中国当代艺术金棕榈奖、2010 年改造历史 2000—2009 年中国当代艺术奖、2005 年"以身观身"澳门现代艺术博物馆行为艺术国际交流奖、2002 年"中国当代艺术奖"（CCAA）、1999 年第九届全国美展铜奖（油画）。

何云昌从 20 世纪 90 年代开始创作行为艺术，他早期的作品带有浪漫主义色彩，比如《与水对话》《金色阳光》。2000 年以后，何云昌作品中的庞大体量与他所指的无效性、无为看似相悖，比如《石头英国漫游记》中他耗费 100 多天的时间徒步 3500 公里经过英伦三岛的海岸线，将一块随意拾起的石头放回海岸。何云昌强调行为艺术的非表演性，他将自己投入其中，并与当下的现实发生关联。

三　戏剧表演的泰斗与后起之秀

表演之欲

——专访表演艺术家娄际成

三　戏剧表演的泰斗与后起之秀

在话剧《商鞅》中扮演公子虔 1

在典型环境中的热情的真实和情感的逼真。

——普希金

俄国诗人普希金的这句话成了体验派艺术的旗帜。

在话剧《商鞅》中扮演公子虔 2

而对于这样一句晦涩难解的话,娄际成亦有着深刻的认识。早在 20 世纪 80 年代,他就将普希金的这一表述精辟地作出了还原,即"欲望"。

作为戏剧舞台上的一棵常青树,娄际成曾凭借《商鞅》中对公子虔这一人物的精彩演绎荣获 1997 年的话剧"白玉兰戏剧奖"。梅开二度,在 2003 年他以在《榆树下的欲望》中扮演卡伯特一角再次夺得"白玉兰奖"。其后的 2013 年,在《吁命》中的演出令娄际成第三次将"白玉兰"奖的殊荣收入囊中。可以说,娄际成代表了戏剧表演艺术最杰出的那一类演员,称他为这一领域的泰斗亦不为过。

人在一定的环境当中,受到了触动、感觉,萌生一种目的;为了达到目的,产生

三 戏剧表演的泰斗与后起之秀

在话剧《莫扎特之死》中扮演宫廷乐师萨里埃利 1

一种冲动。这个时候,人的行动才有了生命力。

诚如娄际成所言,行动是构成表演欲的关键所在。而具体到何为行动时,在《请给我提供发挥演技的空间》一文中,娄际成对此有过总结。

目的、欲望、有机过程,三者组成了行动。

从中不难看出,这一对表演艺术的认识是娄际成在舞台上经年累月的演出所形成的观念。之所以要强调这一观念的重要性与正当性,乃是因为脱离了欲望和行动的表演毫无疑问将会失去生命力,为观众所摒弃。

在话剧《莫扎特之死》中扮演宫廷乐师萨里埃利 2

的确，细察娄际成最为人所称道的那些表演，无一例外都是在践行他的这一理念。举一个例子，在话剧《莫扎特之死》中的宫廷乐师萨里埃利，就其内心活动的复杂性而言，称得上是娄际成所扮演过的难度最高的一个人物。

谈到《莫扎特之死》这部剧在国内的上演，还要追溯到1984年的上海和旧金山友好城市交流项目，娄际成作为"上海戏剧考察四人小组"赴美观看了当时在美国上演的所有话剧，可谓大开眼界。

在这之中，《莫扎特之死》引起了考察小组极大的兴趣，被作为最优秀的作品引进国内。不得不提及当时国内文艺界的情形，由于"文革"刚结束，文艺作品都是一些批判"四人帮"的作品。该剧的出现，令娄际成十分欣喜，出演剧中的宫廷乐师对他而言则是一个十足的挑战。要知道，在当时中国戏剧的舞台上还从未有过像萨里埃利这样内心复杂的人物，更谈不上所谓现实主义的作品；借用娄际成的话来讲，该剧表现的就是人的嫉妒心理和良心的折磨。萨里挨利嫉妒莫扎特，同时他的良心又感到不该如此而批判自己。这是人性和灵魂的较量。

萨里埃利身上的悲剧性乃在于他对莫扎特音乐才华的觊觎，可这般妒恨却是出于对美的渴望，得不到便欲将之毁掉。这种情感的走向在人性中是常见的，能够引发强烈共鸣。而娄际成当然是对这种人所共有的情感充分认识后，才能精彩演绎这一人物的内在，通过内心独白的方式道出了那句尤为撼动人心的哀叹："这讨厌的小孩的声音是代表上帝的，却给了莫扎特，这不公平。"试问平常人之中，谁又不曾有过如此这般的哀叹，或者诘问命运的不公。

"既生瑜，何生亮。"——萨里埃利同莫扎特之间的关系，不禁要令娄际成联想到中国戏曲中对周瑜和诸葛亮之间的竞争所进行的艺术创作。与《莫扎特之死》相比，我国的戏曲艺术中未能挖掘周瑜的内在而使其具有像萨里埃利这样的内心冲突。

"写心理，形成戏剧，这就十分了得。"娄际成的这句评语亦是在对戏剧创作的最高水准作出定义。并且在他看来，今天中国电影中所缺少的正是这种具有心理现实主义特点的戏剧性。这一点是值得编剧在创作剧本时引以为鉴的，说是掌握这门艺术的诀窍亦不为过。

为扮演好萨里埃利，当年娄际成可谓煞费苦心地成天在家里播放莫扎特的音乐，这还引出了后来的一段为人所称道的逸事。原来，当时娄际成的小儿子因父亲出演该剧，在家中听遍了莫扎特的曲子。以至于后来，当娄公子报考北京电影学院的时候，在被考到音乐的题目时将莫扎特的曲目如数家珍地报出，为在场的众人所惊异。而这位娄公子正是中国第六代导演的领军人物，拍了《苏州河》《颐和园》的娄烨。

如今回忆起该剧，娄际成记忆犹新地向我事无巨细地讲述剧中的种种细枝末节，谈到精彩之处仍旧会令他拍手称快。比如这部剧的开头就不可谓不精妙，值得在这里引用他的回忆作为叙述。

开头是一个老人要自杀，他一边想自杀，但一边呼喊莫扎特。在试图用刮胡刀自杀未遂后，开始回忆他过去同莫扎特的相遇。一回忆，他就变成了一个年轻的宫廷乐师。因此，演员需要当场换装，从一个要自杀的穿着睡袍、戴着睡帽的老头，摇身一变成为了年轻的、仪表堂堂的音乐大师。他一边向台下的观众叙述，一边在台上的剧情中去见国王和莫扎特，由此形成了一种跳进跳出的效果，这便是布莱希特所说的'间离效果'。

如上所述，这段回忆将谈话自然而然地引入了我向娄际成提出的问题中，关于布莱希特的那套"间离"的表演方法。

"有规定情景，有人物关系，有同对手的交流。"在娄际成看来，这便是"跳进"，也即是斯坦尼斯拉夫斯基的那套强调内心体验的表演方法；当演完一段具备这三个特点的戏后，转而向台下的观众客观地叙述、解释这场戏，这便是所谓的"跳出"，即布莱希特所说的"间离效果"。

在切到"间离"的话题时，娄际成不忘自报家门，强调他是不折不扣的"斯坦尼体系"培养出来的演员。

提到布莱希特的戏剧进入中国，最早在20世纪80年代由上海人民艺术剧院的著名戏剧家黄佐临先生排演过《大胆妈妈和她的孩子们》。据娄际成回忆，当年布莱希特的这部讲述莱茵河地区"三十年战争"期间的一家人的悲惨遭遇的戏剧，无论是在戏剧界，抑或普通观众中间皆无人问津。以至于后来当黄佐临先生在北京人民艺术剧院再次排演布莱希特的戏剧《伽利略传》时，出于因地制宜的考虑，竟允许出演该剧的演员们按照他们所接受的、并且是当时国内的观众所熟悉的那套"斯坦尼体系"去演。

在话剧《莫扎特之死》中扮演宫廷乐师萨里埃利 3

其一是演员和角色的"间离",第二是演员和观众的"间离";这就包括了导演的手法,如何令观众冷静下来观看戏剧。

"斯坦尼体系"要求角色和演员要合一,即演员在拿到剧本时需要感受、认识,第二个阶段需要贴近、体验,第三个阶段需要化身、附体。总而言之,"斯坦尼体系"是要追求演员和角色的统一,而布莱希特要求的却是"分离"。

如娄际成所言,在具体对待表演的认识上,"斯坦尼体系"和布莱希特所说的"间离效果"可谓是南辕北辙的两套理论。

在他看来,"斯坦尼体系"所要求的合一,在演员实际的表演过程中不可能做到无时无刻的合一。而布莱希特所追求的无非也是一种表演的最佳状态,从这一点上讲,"间离"更强调的是在表演中演员对角色的控制,而非一味地投入。斯坦尼追求的统一,与布莱希特推崇的控制,实则是一个事物的两个方面。

借用黄佐临先生的话来讲,"斯坦尼体系"就是要在舞台上设想有一道墙,演员就是要展示在墙内的生活;布莱希特要拆掉这堵墙;中国戏曲则是没有这堵墙。

中国戏曲的理念是出入自由,娄际成以为此乃集大成者。要知道,布莱希特是在观看了梅兰芳的演出之后写作了《陌生化与中国戏剧》,借中国戏曲的精髓证明了他的"间离效果"。甚至可以认为,从布莱希特的角度看,苏州评弹亦是一种具有间离效果的艺术表现形式。

综上所述,所谓的"间离"在娄际成看来其根源仍出自中国的戏曲艺术。

在此既然要选择追本溯源,就不得不提及娄际成出演的以中国历史中的"商鞅变法"为背景创作的话剧《商鞅》。娄际成在该剧中扮演因支持商鞅变法遭其所害而被斩足的公子虔,对这一人物内心的挖掘令他找到了将其进行性格化塑造的可能。比如对这一人物在被斩足之后的八年中所发生的心理变化的思考令娄际成入戏。在他看来,像这样对人物的心理状态进行揣摩的过程是掌握表演艺术的关键,既可称之为窍门,又是对精湛演技的考量。

心理和形体状态的变化,形成了这一人物的性格,以及行为模式。因为公子虔的身体受到了摧残,导致了他内心的扭曲,而这必会反映在他的外貌和行动中。

娄际成的这番认识,不禁要令人联想到荣格在分析心理学中说过的,一个人的外在作用于他的内在,而内在又会反过来作用于人的外在。

作为新中国建立后培养出来的第一代演员，娄际成对自己学习表演期间的那个年代充满了怀念之情，准确地说，是对商业化之前的那个时期单纯的人际关系的眷恋。这其中，娄际成对自己的前辈，也就是教授自己表演的老师的敬仰之情一直令他难以忘怀。这份美好的情感，终于在他至今出演的最后一个人物身上找到了共鸣，这就是《长生》中的默林。出于对恩师朱端钧先生人品和学识的感激和怀念，年届八旬的娄际成选择抱病参加该剧的首演，感动台上台下以及场外听闻此事的无数人。

表演分三个空间；第一个是演员在台上同对手之间的空间，第二个是演员和剧场之间的空间，第三个是演员和观众内心之间的空间。

诚如娄际成所言，他在《长生》中的表现有目共睹，无疑是达到了表演的第三个空间，不可不谓之表演的最高境界。而要达到这一境界，在娄际成看来别无他法可循，在这里引用他铭记在心的那句福楼拜的话再合适不过：

年轻人，你永远不要忘记，才华就是长期的坚持不懈，你努力干吧！

在剧本不成熟的情况下，娄际成的加入无疑为《长生》这部剧最终取得出人意料的成功起到了至关重要的作用。盛名与好评之外，对于他而言实则是了却了一桩心愿，就是对他恩师那一代人精神和德行所做的一次"著书立说"的行动。借用他的表演理论来说，就是剧中这样一个文学大师的角色的背后所承载的人文和情感的因素，勾起了他的创作欲望。

要进入戏，演员要唤起创作欲望；另一点就是人物的行动欲望，人的欲望就是人的生命。

以上两点是娄际成对自己表演经验的总结，这在他发表在上海戏剧学院的学术刊物上的一篇文章中有过更为精辟的论述。

表演艺术的生命是行动，行动的生命是欲望。

光只从黑暗中来

《比密尼的春天》饰 乔治.福克斯

娄际成

北京人,话剧演员,1956年毕业于上海戏剧学院表演系。同年加入中国共产党。历任上海青年话剧团团长、艺委会主任,中国剧协第四届理事。曾在《战斗的青春》《年青的一代》《莫扎特之死》等剧中扮演主要角色。娄际成在上海话剧舞台上整整站立了50年,塑造了许多人们难以忘怀的角色。1997年娄际成以话剧《商鞅》中的精彩演出吸引了"白玉兰奖"评委会的目光,评委会特意破除了当时白玉兰奖条例中"退休、60岁演员不参选"的规定,把配角奖颁给了娄际成。2007年,年过古稀的娄际成以出演《榆树下的欲望》中卡伯特一角再获"白玉兰奖"。

宗周异闻录

——记剧场导演林翠西、陈老巨

三　戏剧表演的泰斗与后起之秀

杭州西溪湿地，高庄，一出别开生面的戏剧在氤氲山水间上演。这部名为《宗周异闻录》的实验戏剧讲述的是人与人造生命的关系，是基于英国的哥特文学著作《弗兰克斯坦》和《列子·汤问》的一次结合：一名偃师造出了一个木伶（古机器人），这个木伶处处学人，酿成血光之灾，而偃师也接近精神崩溃，梦见自己其实也是个木伶，被神和人操控。

由 LeapDay 剧团排演的这部作品令这个风光旖旎的地方平添了一分值得称道的趣味。接着"趣味"一词往下讲，本剧的成员在最开始因为共同的志趣而集合，又以各自身上所具有的鲜明特征进行集体创作。这当中最为重要、不得不提及的是，整个团队

91

光只从黑暗中来

成员加入的目的首先都不是为了演出酬劳。由于经费极其有限，可以说这个由年轻人集合的团队是在为自己创作，这一点实属可贵。

像我们这样的创作方式，没有剧本，在排练前也就不会为实现具体的设想而考虑到经费的问题。而是从参与的人身上考虑，来创作一个故事。

如林翠西所言，正是出于如此灵活的创作方式，反倒激发了整个团队的热情，为最终呈现出一场精彩的演出创作了条件，抑或说是空间。

团队里的每一个人都是因为想要做戏才进入这个团队，将做这个戏视为兴趣使然的选择，而非赚钱的途径。也正是这一点让大家自发地对这个戏产生了责任感，集体创作过程参与度都极高，都在主动贡献自己的技能，完全没有出现到场只是为了完成任务的情况。

以上是本剧的另一位导演陈老巨的阐述，两位年轻导演及团队其他成员的创作初衷，正是这次集体创作的魅力所在。用林翠西的话来讲，这次的创作是十分幸运的。

像这样带着幸运的集体创作，在 LeapDay 这个由年轻人组成的剧团有过先例。《玩偶工厂》讨论了在消费主义中的外貌、审美，曾在 LiveHouse 中进行过演出。可以说，LeapDay 剧团的每一部作品，皆是出于对我们所生活的周遭世界的思考。该剧团旨在将这样原创、连接当下，又无比精彩的作品完整地制作出来。通过戏剧去和观众一起讨论这些与我们息息相关的命题，并相信以这种形式的沟通和碰撞，及其所引发的思考，可以为我们所生活的世界带来一些可喜的变化。

在集体创作中，去聆听每个个体，他的身体里有什么样的故事、什么样的风格和特点。然后思考每个个体会有什么样的潜力，或者能量，再去放大它。让那个特点去渲染整个创作的集体，就会是非常有趣的出发点。

"有趣"，显然是林翠西和她的整个团队都最为倚重的部分，而该剧在各个层面可以说践行了这样的追求。例如，演员王明铭使用"四川方言"进行表演，就可说是该剧所具有的趣味性的体现。

该剧中所有的角色只有山猫说了话，并且说的是四川话。王明铭因为喜欢一名叫

作 GAL 的嘻哈歌手的缘故,在排练期间常常会唱起这名歌手的四川话歌曲,并载歌载舞。排练时,导演会让她即兴表演一些山猫的行为,当她即兴发挥的时候,不自觉地就开始用喜爱的四川方言进行独白。值得一提的是,王明铭这名演员来自西安,非四川籍,但却将四川方言讲得极其地道。

像这样由参与者结合自身喜好,加入该剧创作的例子比比皆是。这当中最鲜明的一处,莫过于其中的一位演员早前去日本学习过"能剧",正是因为有着这样的个人经历,才使得这种日本传统戏剧的形式很自然地被其引入了该剧的表演当中。

"在典型环境中的热情的真实和情感的逼真",普希金的这句名言,成了国内体验派表演的旗帜。而作为新一代的剧场创作者,林翠西亦有着自己独到的见解。

三 戏剧表演的泰斗与后起之秀

剧场不一定非要去完全体现真实；剧场的功能，或者说剧场的可能性，它的能量的可能性是有很多种的。身体本身是有语言、有节奏的，很多时候要靠技巧来支撑。最好的情况是技巧已然融入身体，所以在你的表演中别人察觉不到你的技巧，只能感觉到那个情感的逼真。体验派可能是需要从真实的情感出发，蔓延到身体。但对我而言，可以是从身体开始，然后找到那个情感。

布莱希特在受到马克思主义的影响后，将他的那些极具社会批判性的戏剧作品称之为教育剧。在他看来，现代戏剧必须介入政治，才能最大化地实现艺术的功能性。究竟艺术该不该建立在这种社会功能上，争论由来已久。

在这一问题上的思考，显然是像林翠西这样的年轻艺术家无法回避的。她的观点

似乎也正反映了新一代的创作者的立场，姑且不论对错，这样的思考自然是不容忽视的。

我不觉得剧场是能够解决社会问题的，这些问题不该由戏剧来解决；戏剧如果有这个责任的话，它就变质了。它更像是分享一种视角，分享一种思考，或者分享一种经历和情感。可能更像是每个夏天聚集了一帮人，每个人会带来不同的东西。它像镜子一样折射这个社会中正在发生的一些点、线和面。

以上是林翠西这名学习艺术的应届毕业生对艺术创作与我们所生活的这个时代的关系的思考。

在日常生活的诗意和神性中寻找真实，或许这才是包括她在内的青年艺术家将要去努力的方向。

三　戏剧表演的泰斗与后起之秀

文中配图均来自话剧《宗周异闻录》剧照

四　科技与艺术

观念的诗意

——浅谈电影中的摄影美学

四 科技与艺术

根据刘慈欣的小说《流浪地球》改编而成的同名国产电影,一经上映便引发了国内观众对科幻电影的空前关注。通过镜头呈现出的幻想世界,令熟悉国产电影中过往粗制滥造的银幕画面感的观众,一时间为这部电影中高规格的拍摄技术欣喜若狂,也消除了此前对国产科幻电影由来已久的诟病。在这里引用已故俄国导演塔可夫斯基的这部拍摄于苏联时期的科幻电影《潜行者》,来审视今天这样一部备受瞩目的科幻电影的创作,以期能凸显摄影美学在此类型电影中所起到的作用。

在探讨两种风格截然不同的科幻电影之前,对这部国产电影在制作背后所获得的产业领域的支持,在这里做一番介绍应该说不算是多此一举。毕竟电影是一整套的工业体系,在所有的艺术中称得上是最乐于融合新科技、新产业的一门艺术。

《流浪地球》主要场景的拍摄都在青岛东方影都内完成,产业总投资达500亿的东方影都内建有全球设施最先进、配套最齐全的电影产业园。拥有2000个座位,全球一流的东方影都大剧院、大型舞台秀、超大规模的商业主题乐园,包括酒店和医院在内的配套设施。

这些耗资巨大的电影场景地,为入驻的《流浪地球》的拍摄组提供了拍摄国产电影前所未有的条件。在电影上映后收获的票房方面的巨大成功,必然也为这样的产业布局做了最佳的宣传,可以说是电影和产业互相作用下的双赢。这也为国内的文化产业与作品之间的整合,提供了一个范例。

地下城光线设计的时候,我还在犹豫会不会太风格化,有一些场景交出来以后做气氛测试，导演看了以后说没问题，甚至可以比之前设计得更"放飞"一点，后来就明确赛博朋克为主要风格。

以上是《流浪地球》的摄影师刘寅在一次采访中曾提到的该片在最初所设定的"赛博朋克"的影像风格，这一摄影主要有赖于现代工业所形成的肮脏环境，具体到黑夜的霓虹灯光与拥挤衰败的城市背景相混合。电影中的这一美术场景的设计源于美国导演雷利德·斯科特执导的科幻电影《银翼杀手》中的未来洛杉矶市，其最先在摄影中建构出这套美学系统，以对应现实世界中急剧膨胀的现代城市所导致的颓废。

与之形成鲜明的对比，在塔可夫斯基导演的《潜行者》和《索拉里斯》中，摄影机中所呈现的是一个与"赛博朋克"的美学世界全然相悖的世界。尤其在《潜行者》中，被遗弃在荒野中的二战坦克，为自然的生机所吞没；或许可以这样认为，美国电影《银翼杀手》，甚至国产电影《流浪地球》所导向的是一个不确定的带有毁灭倾向的未来。而塔可夫斯基所要提供给我们的则是那些已确凿无疑的历史，可被视为我们共同的记忆——工业化之前农耕文明的一种美化与再现。

在《潜行者》中，我希望时间并没有因镜头的切换而断裂，它在镜头中流动，剪辑仅仅意味着行为的继续，而不是打乱时间，它没有选择素材的功能——我想让整部电影看起来好像只用了一个镜头。我认为这种极简方案有很大作为。我大幅删改剧本，尽量减少外在效果。原则上我不希望以意想不到的场景转换、事件发生地、剧情冲突博人眼球——我追求的是整部影片结构的简洁、素朴。

以上出自塔可夫斯基的自传《雕刻时光》中对《潜行者》在摄影方面别出心裁做法的陈述。由此可见，塔可夫斯基从电影观念上对时间和空间以及与镜头之间关联性的掌控采用了一种诗意的视角。

他接着在这段话的最后又补充说道："我更执着于让人们相信，作为艺术手段，

在史诗片《安德烈·卢布廖夫》中,塔可夫斯基将他的摄影美学发挥到了极致 1

电影的独到之处,并不亚于散文。我想展示电影的可能性,证明它可以在观察生活的过程中不被粗鲁地干扰或打断。因为我从中看到了电影真正的诗意。"

可以认为,塔可夫斯基的这种观念的诗意形成于摄影技法的再创造。的确,在这位诗人兼导演的镜头中,观众看到了某种被康德称之为"先验"的真实。而这一切,无疑是借助摄影机的技术手段来达到的,通过这样的艺术手法,为我们搭建了一条连接经验与潜意识的路径。

从中不难看出,摄影技术的选择对电影的观看产生了至关重要的作用。电影首先必须是一门需要掌握高超的摄影技术手段的艺术,观念则与之相辅相成,做到这一点方可被视为杰出的作品。而在谈到该片对电影摄影技术的选择上,《流浪地球》的摄影师刘寅有以下这番表述:

在史诗片《安德烈·卢布廖夫》中，塔科夫斯基将他的摄影美学发挥到了极致 2

我想用更宽的视野去强化一些奇观和灾难场景的张力，也想用镜头去强化或者表现在特别苍凉广阔冰天雪地里渺小的救援队拖着球往前步履维艰的感觉，就用了AUWZ19-36mmT4.2超广变形宽银幕变焦头。在镜头匹配度上，前者跟MA是一个系列的镜头，所以质感、透视、线条都挺匹配的，没有什么问题。但拍摄时用过其他牌子的变焦头拍特写，有的时候畸变就会比较严重，后期导演就花一些时间去做校正，把所有不想要的畸变都拉回来。

由此可见，这种镜头拍摄出的画面效果的统一性，正是《流浪地球》之所以能够为如此之多的国内观众带来舒适的观影体验的前提。作为一部主流价值观的电影，该片在摄影技法上的选择中规中矩。毕竟这样一部商业电影所追求的无非是商业效应的最大化，想必能让更多的观众对摄影的部分欣然接受，便是主创们的追求。

反观《潜行者》中的摄影技法，梦境与现实的画面有着明显的切割，两种截然不同的摄影风格在同一部电影中出现。打破统一性的做法，则为观众提供了一种亦真亦幻的体验。

可以认为，塔可夫斯基具有一种观念的诗意，并将这种观念转换到了摄影技术层面，最后通过电影中的每一帧画面传递给观众。

放眼今天的国产电影，这种观念的诗意在电影的摄影语境中，可以用遍寻无果来形容。在过度追求世俗化和娱乐化的时期，观念的缺失，导致了电影业和文化界中的功利主义大行其道。

一言以蔽之，以上这种观念的诗意，必须被看作是作品优劣之分的参照，反之文艺的复兴便无从谈起。正如塔可夫斯基在其自传中的"艺术家的责任"一篇中所提到的，"每一帧独立的画面，每一个独立场景或片段，都不是描绘，而是对行为、风景与人物的直接记录。因此电影有其独特的美学准则，意义具体而清晰，常常与观众的个体经验相悖"。

所谓观念的诗意，原则上即是一种超越个体经验的认识，正如上述对摄影技术在电影中所具有的意义进行的阐释。电影所具有的独立而完备的美，从中便可见一斑。

与《流浪地球》改编自科幻作家刘慈欣的短篇小说《流浪地球》一样，《潜行者》改编自苏联作家鲍里斯·斯特鲁伽茨基的短篇小说《路边野餐》。但就电影的深度而言，《潜行者》已与塔可夫斯基拍摄的其他电影一样，通过摄影技术形成了一种观念的诗意。于是，有理由相信，国产电影真正意义上走向成熟的表现，将会在这一观念的诗意中为我们所洞见。

反精英化的中国银幕

——评电影《流浪地球》

电影《燃烧》的导演李沧东在最近一次采访中谈到改编村上春树的短篇小说《烧仓房》时，认为无论是从新闻事件取材，还是从小说原著取材，它们只是构成电影的基石，并不是电影本身。

诚如其所言，作品在被改编成为电影之后，与原著这个母体本身便不再具有从属关系。而这也是目前大多数的观众和读者，对《流浪地球》这部改编自刘慈欣小说的电影进行诟病的原因。基于李沧东的观点，可以认为这种比较本身实属多此一举。

具备这种认识，是为从电影本身来评价《流浪地球》这部当下最有话题性的电影，而非信口雌黄。

该片在商业上所取得的引人瞩目的成功，令人感到刘慈欣与另一位美国科幻小说家菲利普·迪克的经历类似。二人都创作科幻小说，并先后获得过科幻文学的最高奖之一的"雨果奖"。而真正令迪克的作品在大众中间得到广泛传播的则是通过好莱坞。

《银翼杀手》作为科幻电影中一部划时代的作品，正是改编自迪克的小说《机器人会梦见电子羊吗？》。很难想象在20世纪80年代初，也就是香港"邵氏兄弟"出品的武侠片登峰造极的时期，邵逸夫会投资这样一部极具前卫性的科幻电影。由此可知，中国电影人在科幻电影的制作上亦不乏先驱和有远见卓识者。

另一部较为知名的改编作品，是斯皮尔伯格导演的《少数派报告》。与《银翼杀手》

类似，该片的核心人物都生活在一个肮脏的花花世界中，科技的进步使人挣脱道德的束缚，将邪恶的目的视为必要的生存手段。

这两部电影构成了迪克小说的世界观，亦是雷利德·斯科特和斯皮尔伯格这两位好莱坞导演所具有的观点：科技的进步导致了人的异化。

再将目光转向国产电影，《流浪地球》所展现的是与前者迥然不同的观念。科学在未来的世界中将一切宗教取而代之，成了人活下去的唯一信仰。以至于当该片中的一名救援队的成员面临灾难时，所祈祷的对象竟是人类历史上的三位著名物理学家。功利主义对社会人心的影响，从中便可见一斑。言归正传，该片在故事的建立上仍旧遵循的是中国传统的家庭伦理观，延伸可至思乡情节。这一创作理念本无可厚非，海德格尔在评价德国诗人赫尔德林的《还乡》时就说过，还乡是诗人的天职，故乡所代表的乃是极乐世界。从中不难看出，故乡对于中国人而言有着何等意义。最为典型的体现便是春节的返乡，这在该片中亦作为一个重要的背景来展现。而选择在春节期间上映，对这一观念的传达无疑起到了推波助澜的效果。

以此作为支点，该片的确撼动了好莱坞科幻类型片的精英化传统——以超级英雄作为主要角色。与之相比，家国的观念在中国社会的集体无意识中仍占据主导地位。可以认为，《流浪地球》的改编既是对好莱坞科幻类型片中精英化传统的背离，同时亦彻底抛弃了刘慈欣小说中具有特定时期特征的人物的精神世界。后者所代表的这种精神，自"五四"运动以来便被视作中国精英化意识的产物。职是之故，中国的银幕在去精英化的这条道路上可谓前无古人，即便有过20世纪80年代谢晋电影中带有强烈反思倾向的精英意识的复苏，但仍然属于昙花一现。

除此之外，该片虽然有失于《银翼杀手》和《少数派报告》这样的反乌托邦电影所具有的深层次的内省性，但在类型片本土化这一方面做到了可圈可点。当国内的青年导演取代曾在韩国拍出过票房冠军电影的知名导演而成为最终人选，这为该片最终所呈现出的原汁原味的中国科幻电影提供了值得庆幸的保障。

在美国电影《教父》中，阿尔·帕西诺扮演的迈克是一个典型的悲剧人物。"我为我的孩子而做，你也为你的后代而做"，迈克在女儿面前的这番辩解，最能折射出他所具有的传统家庭观。与之相应，在最近上映的这部国产电影《流浪地球》中，这种家庭观念得到了异曲同工般的强化。换言之，黑帮的世界和世界末日在本质上都可被归纳为一种极端的环境。与迈克和父亲之间的情形一致，该片中的刘启和刘培强这对父子同样完成了一种交接——宇航员的身份及传统的家庭伦理观。

与之不同的是，迈克穷其一生去维系的这种家庭观最终导致了家庭的崩溃。巴尔扎克在小说《幻灭》中揭示出了这种人物深层次的痛苦，充满希望地去为目标行动，却总在经历幻想的破灭。"在这个时代，希望是像钻石一样珍贵的东西。"这是《流浪地球》中韩朵朵发出的一句感慨，对比同样改编自文学作品的《教父》，会令人感到国产电影在世界电影这所学校中是个品学兼优的学生，除此之外一无所长。或许借用《流浪地球》中的另一句话来比喻则更为恰当，今天的国产电影正在进行的是"流浪地球"的阶段。在小说和电影的世界中，这一阶段要历时一百代人才能重新得见光明。与之相应，在逃离教条主义的征程中，假如说，"在这个时代，希望是像钻石一样珍贵的东西"，那么希望为该片所展开的一切探讨可以被视作万里长征中的一小步。

焦 虑 症

——评电影《疯狂的外星人》

四 科技与艺术

从心理学来看，压抑和焦虑有着根本的区别。前者会导致人具有暴力倾向，而后者则是本文将要加以探讨的形成荒诞性的主要因素。

2019年春节档上映的《疯狂的外星人》在同期的几部电影当中称得上离经叛道，影片将斯皮尔伯格执导的流传甚广的"ET外星人"的故事搬到了今天的中国县城。乍一听令人感到匪夷所思的一个故事，却在刘慈欣小说《乡村教师》的基础上，使这个空间内所发生的一切都变得令人信服。即便这种确凿无疑的弄虚作假仍不免显得造作，却并未给整部电影的观看带来不适。

该片的导演宁浩与原著作者刘慈欣是山西同乡，两人有着多年的交情，这为合作改编刘慈欣的小说提供了条件。早在10年前，宁浩就曾尝试对《乡村教师》进行电影改编，在剧本的创作中所遇到的最大困境是视点的问题。这期间在同好友刘慈欣对原著小说进行探讨的过程中，宁浩找到了将故事电影化的方法，在陈凯歌导演的电影作品《孩子王》和乔治·卢卡斯制作的电影《星球大战》间做一个结合。用荒诞喜剧的方式重新演绎刘慈欣原著中对于中国农村的观察，出于商业的考虑这样的做法无可厚非。然而不得不提及的则是在刘慈欣的原著中，中国农村被描写成一个消极的存在，反映的正是在国内的主流价值观中被刻意忽视的现实。与之相悖，投资方"欢喜传媒"在制作理念上从一开始就认定唯有喜剧才能在春节档获得成功，直到同样改编自刘慈欣小说的电影《流浪地球》在同期上映时给予了投资方一个不折不扣的教训。

光只从黑暗中来

电影《育婴奇谭》，古生物学家与富家女分别由加里·格兰特与凯瑟琳·赫本饰演

电影《育婴奇谭》海报

该片在故事的建立上遵循的是类型片中的一支,即"疯狂喜剧"。值得一提的是,这种电影盛行的年代恰好是 1920 年到 1930 年这十年间的好莱坞,最具代表性的作品是霍华德·霍克斯执导的《育婴奇谭》和弗兰克·卡普拉执导的《一夜风流》这两部黑白电影。也就是说,该片的出现正好与这个类型的经典相隔一个世纪的时间。于是,在这里探究一番当时的美国社会,对理解今时今日该片所折射出的中国社会精神上的整体状况,在我看来也不是多此一举。

20 世纪 20 年代的美国,被称之为"咆哮的 20 年代",仅仅从字面意义就不难看出这一时期的美国绝非一个循规蹈矩的世俗世界。凭着第一次世界大战期间将华尔街的钱借给英国和法国对抗奥匈帝国和德国,在这之后又贷款给战败的德国的银行,使得当时的美国一跃成了全世界最大的债主。一时间手中握着全世界的钞票的美国人,在精神上却陷入了严重的分裂。一方面是由于被动地参战，令原本恪守孤立主义的美国在世界舞台开始扮演愈来愈重要的角色。这种被动与外面世界进行交往的局面，动摇了在此之前一直受清教徒控制的美国社会。另一方面，华尔街的股市让美国的中产阶级得到了崛起，消费主义的流行进一步加深了在教条中要求节俭和禁欲的宗教道德和世俗生活间的裂痕。彼时的美国人在精神上被夹在新旧两种观念之间，变得躁动不安，说成是焦虑亦未尝不可。在后来被电影研究者称之为"疯狂喜剧"的这一类型，正是脱胎自这样的社会现实。

凯瑟琳·赫本与影片《育婴奇谭》中的美洲豹

　　试比较《育婴奇谭》和《疯狂的外星人》这两部疯狂喜剧，会发现二者间具有脱不开干系的相同之处。《育婴奇谭》中由凯瑟琳·赫本扮演的富家女将一头被人类豢养的"幼年美洲豹"当作宠物，在与未婚夫——加里·格兰特扮演的古生物学家共同照料这头"野兽婴儿"的过程中，不断引发荒唐可笑的经历。这样的情节设置，令人想起《疯狂的外星人》中主人公意外收获一位"天外来客"，并将其当作一只可以为游乐场的"耍猴戏"表演而进行杂技训练的"刚果猴"的内容。两部电影之间，后者对前者的本土化的变形显而易见。更有甚者，在《育婴奇谭》的后半部分，从马戏团中跑出的一头野性难驯的美洲豹被这对未婚夫妇当作了他们养育的那头"野兽婴儿"。与之相映成趣，《疯狂的外星人》中原本被用作"耍猴戏"表演的猴子，在影片后半段被人误认作外星人而与之接触。

四　科技与艺术

影片《育婴奇谭》男女主演和片中被豢养的小豹子

两部电影在各自所属的时代背景下都取得了商业上的成功。《育婴奇谭》更是在今天被当作追忆经典好莱坞的重要线索。比如在前年上映的美国电影《爱乐之城》中，女主角在与男主角约会时便提起《育婴奇谭》这部经久不衰的作品。

由此看来，该片的成功绝非偶然，而是根植于近年来集体无意识中的普遍焦虑感所致，需要借助荒诞和疯狂的事物所引发的意识失常进行精神宣泄。即便走出电影院后的生活一切如故，观众仍旧乐于把短暂的麻醉当作快乐的途径。尼采说得好，快乐乃是事先偷偷地享受死亡。数以千万计的观众正是怀着这样的情绪，在电影院的两个小时中享受了一回唯有死去才能拥有的无忧无虑。

115

AI 时期的电影技术

四　科技与艺术

> 在一部电影里，震惊作为感知的形式已被确立为一种正式的原则。那种在传送带上决定生产的节奏的东西也正是人们感受到的电影的节奏的基础。
>
> ——《论波德莱尔的几个母题八》

这是本雅明针对科学技术介入艺术的情形所作的思考与归纳。由此可见，包括电影这种最易受科技影响的艺术形式在内，现代技术手段一直在潜移默化地影响艺术的创造。

2019 年春节档热映的科幻题材电影《疯狂的外星人》，将原著作者刘慈欣的叙事艺术与科技做了一次值得称道的结合。例如，该片中的外星人那种惟妙惟肖的表情和敏捷的行为，采用视频捕捉技术与演员徐峥的面部表情及演员邓飞的肢体动作相结合，旨在达到一种令人信服的真实效果。

全片以 939 个特效镜头的加持，为国内的观众带来一场以假乱真的视觉体验，用珠联璧合来形容这种科技与表演以及叙事艺术的结合亦不为过。

> 我想呈现"猴子"到波妇的状态，那种歇斯底里的感觉。但是这对于不了解中国文化的人来说是很难理解的。很多时候，一个镜头的表达都要来回沟通三四十遍，一开始邮件电话，后来我直接飞过去现场演给他们看。

以上是该片导演宁浩在谈及运用好莱坞的科技手段进行本土化故事创作的理念。从中不难看出，代表着电影工业最先进技术的好莱坞特效工作者，若不能充分领会中

卓别林在电影《城市之光》中

国本土的语境和观念，必然不能够将这种科技与艺术的兼顾做到无懈可击。正如宁浩在这段话的最后所作的总结："电影工业就是这样，你一方面去适应它，一方面则要去影响它。"

与之形成鲜明的对比，则不禁要令人联想到日本导演黑泽明在拍摄名作《野良犬》时，在影片开头处所出现的那条在炎炎夏日吐着舌头的狼狗的面部特写。正是由于这个写实的镜头，在电影上映后竟给这位蜚声国际的大导演惹来了不小的麻烦。

在黑泽明的自传《蛤蟆的油》中，就曾不无恼怒地提及这部影片引来的风波。一位美国妇女在观看该片开头处的这个镜头后，想当然地认为有动物在该片的拍摄中遭受了虐待，通过美国的动物保护协会要求该片导演登报道歉。迫于舆论的压力，这位

四 科技与艺术

黑泽明导演的电影《野良犬》海报

被后人尊为"电影天皇"的大师,也不得不选择委曲求全。以至于他曾在自传中吐露,头一次感受到了作为战败国的耻辱。

试想,倘若电影科技进步得再快一些,让黑泽明在那个年代也能运用今日的视频捕捉技术来实现《野良犬》开头处的这个画面,这样既保证影片的写实效果,又能照《疯狂的外星人》般在片尾结束时堂而皇之地注明一句"没有动物在此片拍摄过程中受到伤害",可谓两全其美。科技手段在艺术创作中所能具有的事半功倍的作用,由此可见一斑。

电影《雨中曲》剧照

有顺应潮流者，便有逆水行舟者存在的必要。卓别林在创作《城市之光》时，就一意孤行地选择逆时代潮流行事，坚持在有声片兴起的年代将这部不朽的艺术作品用默片来进行制作，在当时的好莱坞可谓反其道而行之。该片在上映的那一年遭到了美国影评界的轻视，但因为作品本身的艺术高度，在日后历久弥新，成为影迷和业内人士心目中的经典。

与卓别林的遭遇相似，在后来的法国电影《艺术家》这部具有怀旧色彩的电影中，故事的主人公是一位默片时代的巨星，可却无法适应有声片时代电影技术的改变。

这个中年男人依靠年轻女孩重新振作的故事，在隐性的那一面指向的是艺术借助新技术重获生命力的情形。《雨中曲》是《艺术家》所借鉴的影片，同样的中年男主角，在默片时代成为巨星后，却因不能适应有声电影的拍摄面临事业和生活的双重危机，最后同样都被一位更能适应环境变化的年轻女孩所挽救。

电影，包括其他形式的新兴艺术，都必然要不断地面对电影故事中的男主角所经历的这场中年危机，最终将会随着新的科学技术手段的出现使之不断成熟和进化。

综上所述，科技对于艺术而言，可以说一直起到一种催化剂的作用。然而，艺术创作这件事却并非人工智能可以取而代之。正如同摄影术的出现诞生了摄影师，而并没有消灭画家。方兴未艾的 AI 技术必然会在形式语言的方面影响艺术的创作，这种影响在可期的范围内也将会是良性的变化和态势。

拉康在精神分析中认为，美并不真正存在，而是主观想象的产物，是人内在的欲望在客体上的一种投射。从中不难看出，艺术创作仍旧会为人的这种内在的欲望所驱动；人的超越世俗的愿望，对于美的强烈渴望，还有智性的眼光，在艺术的本体中不会因科技的干预而日渐式微。正如尼采所总结出的艺术三宝，即高贵、审美和逻辑。

对于有意识的生命来说，要存在就是要变化，要变化就是要成熟，而要成熟，就是要连续不断地进行无尽的自我创作。

这段话出自法国心理学家、诺贝尔文学奖获得者亨利·伯格森，在此用来总结本文关于科技与艺术的讨论再合适不过。

对于艺术来说，要创作就是要变化，要变化就是要成熟，而要成熟，就是要连续不断地运用新的科技手段所引入的形式语言进行无尽的创作。

科技使得艺术拥有更多走向成熟的空间和可能性，就如同人的内在需要不断进化得更优秀，作为天才把玩的艺术，凭借新的科技来进行创作以适应变化和发展，可谓大势所趋。作为艺术的欣赏者，亦乐见其成。

五　　光只从黑暗中来

光影之后的追求

——记《妖猫传》美术指导陆苇

在 2018 年澳门第 12 届亚洲电影大奖颁奖典礼上，艺术家陆苇凭借其在《妖猫传》中电影美术的创作，赢得了当晚最佳美术指导这一奖项，可谓实至名归。

电影创作一定是一个两分的关系，因为我们看电影是在调动我们的视觉经验和审美经验。

一如陆苇所言，在创作《妖猫传》这样以唐代为背景的电影时，他正是在用个人的方式践行着这句话。正因为每个人对唐代都有着自己的一番解读，抑或说是审美。故而要在一部电影的视听语境中唤醒众人对于那个时代的联想，就必须遵循一些创作的方法和路径。这当中，诸如'唐三彩'这样的出土文物，以及唐文化对于日本和东南亚的影响，就为还原唐代的气度提供了丰富的素材。

清代的人在想象唐代的时候是一个面目，而我们作为现代人在想象唐代的时候应该又会是一个什么样的面目，这其实是一个很重要的创作过程。就是把你的想象，结合视觉经验，结合对于历史和美学的认知，把这三者糅合起来做出一个反应，而这个创造性的融合依据的就是剧本。

陆苇所强调的这一创作过程，正是他和搭档屠楠，还有导演，为还原唐代所做的一次精心的试验。这为作为观众的我们想要一睹这部电影的生成过程提供了一个得以觑见的窗口，而在具体实施时，主创人员所遇到的困难更是远远超出局外人的想象。

在被问及该片创作中最困难的经历时，陆苇不禁谈到了在襄阳建造片中长安城的

光只从黑暗中来

在片场工作间隙的美术师陆苇

那四年时光。他和搭档屠楠在造城的施工现场必须无时无刻不留意着工人们的进度，正像他所强调的，这并不是一个按图施工的项目，而是在进行一次艺术的创作。

我们的图纸在设计院必须转换成实际的建筑结构，对方往往会根据固有的经验作出修改，但这和正统的古建筑的尺度是不一致的。在整个外景地制作中，我们很在意这个尺度，因为尺度所提供的视觉经验往往是最直观的。

由此可见，用"失之毫厘，谬以千里"来形容这场艺术家和施工方之间的博弈再合适不过了。陆苇回忆道，在整个的施工过程中，充满了各种同施工方斗智斗勇的经历。

举一例在此加以说明，在中国古代建筑中最常见的一种形态便是房顶的曲线部分，这一部分的呈现可以说是整个建筑美感的精准呈现。然而正是如此重要的部分，体现在施工的图纸上却都没有办法直接为施工方所理解并接受。于是，陆苇只得带着助理

陆苇在施工现场（搭建唐城）

在具体做这道曲线的时候，对施工人员进行一番颇费口舌的美学上的教育，这实属不易。为了达到这种古典的审美效果，甚至该片中陈云樵宅门口所栽种的一路火棘，都是陆苇拿着一把剪刀一棵棵修剪出来的，真可谓是煞费苦心。正是细枝末节的臻于完美，才有了最终呈现在银幕上的那些画作般的精美镜头。

关于该片的美学表现，导演很明确的定性就是"诗意"。这也给陆苇在美术创作的时候提供了大致的方向和具体的范畴。比如导演一再强调的白居易的《长恨歌》，在影片中所占有的分量应该是最为重要的，甚至可以说整部影片的情感和气质都来源于这首唐诗。

而重头戏"极乐之宴"的呈现则可被视为该片中最为惊艳的部分，美术师陆苇则化身为该片中的幻术大师。他的创造性表达对于该片中极乐之宴上的观众，以及走进电影院的观众，都提供了美轮美奂的视觉享受。而他之所以能够在创作上天马行空，

正是基于导演从一开始就将这部作品定义为一部奇幻电影。

剧本的属性和导演在审美上的要求并非复古,而是要在古代的精神和古代的美学里面,找到一种我们现代人需要的东西。

诚如陆苇所言,如何将集体的记忆通过美学的形式去表现,将曾经存在过的事物赋予现代性,简而言之就是一种新鲜感,这在创作中是值得引起重视的。

当被问及是艺术家的作用在影响这部电影的创作,还是这部电影的创作或多或少

五　光只从黑暗中来

陆苇在影片中唐城的施工现场

改变了原先的创作习惯时，陆苇对于前者给予了肯定。该片中寝宫的那些斗拱，来源于陆苇之前创作的一幅油画，他甚至有过将其做成一件装置作品的想法，而这一想法最终被他在电影中实现了。

导演经常强调的是，电影是一个工业，不能总按照艺术的方式去呈现它，必须要以一种克制的形式来做它。

这不禁要令人联想到本雅明在《机械复制时代的艺术》中，将电影艺术看作是首次将大众引入艺术中去的一门艺术。由此可见，导演的上述这番话可以说正对应了本

129

光只从黑暗中来

雅明的观点，即电影是一门属于大众的艺术，说成是一个工业亦未尝不可。

谈起与电影的渊源，则要从陆苇的成长经历说起。出生在四川雅安的他，从小在父母工作的剧院里观看电影，可以说从那个时候起他就与电影有了不解之缘。而在来到北京成为一名优秀的艺术家后，更是将他最好的那一面贡献给了电影。

今天电影这门艺术同其他传统艺术领域一样，都不可避免地遭遇了互联网的挑战。

五　光只从黑暗中来

陆苇工作室

刷网剧、短视频正成为时下年轻人在看电影这种娱乐方式之外的选择。在谈到这一点的时候，从小在电影院的放映室享有一个私人的看电影的空间的陆苇，仍旧会对电影院所具有的那种仪式感满怀着崇敬与眷恋。

电影艺术不会像一些人说的那样将随着科技的进步而逐步消亡，因为还有更多像陆苇这样的艺术家和电影人，在背后坚守着那个在他们眼中如同圣殿的空间。

光只从黑暗中来

陆苇

本名陆伟，生于四川省雅安市，1999年毕业于四川美术学院油画系，主要从事电影美术设计、当代艺术创作、建筑与园林研究、写作等。中国圆明园学会学术专业委员会委员，中国电影美术学会高级会员，电影《妖猫传》美术指导。2018年获第十二届亚洲电影大奖最佳美术指导、第五十五届金马奖最佳美术设计提名；2019年美术指导影片获第三十二届中国电影金鸡奖最佳美术。

大唐盛世的"西西弗斯神话"

——评电影《妖猫传》

"天长地久有时尽,此恨绵绵无绝期。"《长恨歌》的这最后一句,用来形容该片中的"白龙"再合适不过,显然他选择了以一只怀着恨意的"妖猫"存在于世,而这恨的根源是他对贵妃的爱。的确可以这样认为,贵妃的存在是白龙对自身卑贱出身的一种弥补,这种精神慰藉对后者而言更像是一种极度自恋。于是他就在这种陶醉感中完成了一场异乎寻常的复仇,这一过程事实上是一次个人对于极权的反抗。而"安史之乱"这场对大唐王朝的反叛在该片中仅仅是作为叙事外衣被添加的。甚至可以将白龙看作是一个"西西弗斯"式的英雄,正如法国作家加缪所言:"令西西弗斯感到快乐的原因是:他掌握着自己的命运。"与"极乐之宴"上其他随波逐流的人相比,白龙用行动去改变他所处的那个美遭到了不断沦丧的世界——杨贵妃就是那种美的化身——而不是与那些卑鄙的人一起沉沦。

该片是以"侦探片"的叙事方式作为载体的,由日本演员染谷将太扮演的和尚空海搭档《长恨歌》的作者白居易(黄轩饰),在调查妖猫的过程中揭开了30年前发生在玄宗天宝年间的一桩迷案——杨贵妃的生死之谜。

导演此番选择这一玄幻故事来进行艺术创作,不由得令人联想到意大利导演费里尼。同样是以现实主义的题材开启创作生涯,费里尼凭借《大路》《卡比利亚之夜》等不朽名作奠定了其电影大师的地位,而在其后却改弦易辙拍摄了《甜蜜的生活》和《八部半》这样的社会寓言剧,以及再后来的诸如《卡萨诺瓦》这样的"神话片"。

话已至此,那就引申出来谈谈今日中国电影的创作。现实主义在过去的中国电影中一直占据着统治地位。不论是创作者,还是国内的观众,都不约而同地渴望看到更为生活化的艺术形式，《聊斋志异》在中国文学中从来就是非典型的经典之作。就算是民国时期大为流行的武侠小说，依然是牢牢依附在民间轶闻与市井生活的基础上的。20世纪80年代的美学兴起依旧是现实主义文艺的回归，不得不说，这是同中国社会的变迁密不可分的，要探究这一现象的缘由必须联系更为广泛的工业制造以及消费导向所带来的影响。现实主义创作在今天中国电影中的丧失，更多的是由于生存环境的巨变所导致的。换句话说，过去的常态化的艺术已经远远不能够满足今天年轻观众对于信息化世界的认知。现实主义电影经历了80年代的辉煌，诸如陈凯歌导演拍摄的《黄土地》，谢晋导演拍摄的一系列"反右"题材的电影，之后随着消费主义的到来，中国年轻一代的观众乐于见到美学开拓到过去从未有过的境地，这其中东方题材的玄幻电影似乎正对应了这种诉求。

该片正是在这种背景下制作，并以最为昂贵的条件造就的。耗资13亿人民币打造的长安城成了中国电影上史无前例的制景，即便是在好莱坞大概也仅有《埃及艳后》在制景中的投入能够与之相提并论。撇开这些惊人的花销不谈，这座按照史籍一比一打造的唐朝皇城确实为该片带来了极其炫目的视觉享受。而在这样富丽堂皇的背景中展开的故事，是否配得上这样一件华美的袍子还有待进一步的探究。

黄轩扮演的白居易在该片中把握住了这位晚唐著名诗人的神韵，那就是癫狂与自我陶醉。这一点实在同刘昊然扮演的白龙相得益彰，可以说这两个角色的特质是最为接近的：一个是幻术师，另一个是诗人。二者间的联系是不言自明的，用今天的眼光看来他们都属于艺术家。空海从该片一开始就一语中的地对白居易说："你写的《长恨歌》是假的。"这也为白居易后来不遗余力地寻找李隆基与杨玉环的爱情的真相提供了理由。毕竟，任何人都不愿相信自己苦心孤诣换来的东西被怀疑是冒牌货。以至于之后找寻贵妃之死真相的白居易像着了魔似的涉足各种险要的境地，他偷偷潜入皇宫的禁地，又擅闯了藏有杨玉环和日本人阿倍仲麻吕（日本演员阿部宽饰）资料的地方。应该说，白居易正是凭借着他对于求真的疯狂将这个故事一层层揭开，这似乎也印证了历史上白居易其人的特点。他的诗作是以写实著称的，在唐代不胜枚举的诗人中间

五　光只从黑暗中来

影片中的唐城和穹顶

可谓独树一帜，总而言之，其对真实的还原到了一种近乎苛求的态度。

爱和恨都是伟大的情感

极乐之宴上的男人们都爱慕着由张榕容扮演的杨贵妃，只不过这里面的爱是被男权化的。尤其是在极乐之宴这场片中的重头戏上，镜头在出现杨贵妃时无一例外都是一种男性视角的凝视。导演显然是充分肯定了男性的欲望的，事实上不仅是该片中展

光只从黑暗中来

影片中的唐城 1

现的这一大唐的盛世，整个人类的文明亦是在作为男性群体的欲望的推动下才得以前进的。以至于白居易直截了当地对空海充满激情地讲道："杨贵妃才是大唐的魂。"

作为中国历史上最阳刚的一个时期，唐朝的审美是男人必须高大挺拔，而女人更是需要拥有丰满的体态才能够被称为美。身在其中的杨贵妃可以说是集万千宠爱于一身，抑或是集万千男人的欲望于一身的一种存在。这也昭示了她最后的悲剧性收场，毕竟当盛世转为乱世的时候，她曾引起过人们多少程度的爱在此时便会为自己引来多少程度的怨恨，这直接导致了马嵬驿兵变的发生。她作为大唐的魂登上历史舞台，终究不过是男人权力斗争的牺牲品。这本无可非议，可唯有一个人对贵妃的这一结局不肯善罢甘休，那便是白龙。

白龙这一人物的出身在该片所有人物中是最卑贱的，他是被生父赌输了钱抵偿给自己的幻术师傅的。于是作为一个对这样的身世耿耿于怀的人，始终觉得低人一等的他终于遇到了一个愿意同他平等相待的人。"我从小也是寄人篱下，所以对别人给予的好总想着加倍回报。"这是贵妃在得知白龙的身世后对他讲的话。一个在众人眼中如此高贵的人竟然对自己屈尊降贵，这对于白龙来说无疑是值得为之赴汤蹈火的，也就促成了他后来为贵妃蒙难而进行一系列复仇的行动。

与之相对，日本演员阿部宽所扮演的遣唐使阿倍仲麻吕则是一个懦弱的男人，可以说除了他之外其余的男性在片中都可以称得上是敢爱敢恨。这不该仅仅归因于他所处的社会地位，作为一个外邦人，他死后留下的这本日记帮助我们从另一个视角觑见了极乐之宴和马嵬驿兵变的全貌。在极乐之宴上他不敢向贵妃直言心中的爱慕，而是选择了逃避。在马嵬驿兵变中他希望贵妃能同他一起逃往日本，但遭到拒绝。他的爱是最被人所轻视的，是一种懦夫的爱。在他和白龙之间，是两种爱的极端表现；在阿倍的身上体现出了人在受权力制约下所导致的行动力的滞后。即便用今天的眼光看来，这样的男人在现代社会中也可以说是比比皆是。值得一提的是阿部宽这位日本著名演员，是以在日本导演是枝裕和执导的电影《步履不停》中的表演为人所熟知的，而他在这部影片中所扮演的男人可以说同此番在《妖猫传》中饰演的男人如出一辙，一言以蔽之就是"窝囊"。综上所述，阿倍仲麻吕这个形象可看作是具备了现代性的一个人物，或者说是一种典型的男性，虽然在该片中他明显是被批判的对象。

超脱极乐与悲哀的永恒

该片最隐晦之处来自空海这一角色，当他为完成师父的临终嘱托而只身前往大唐

光只从黑暗中来

影片中的唐城 2

而在海上遇难时，遇到了一位怀抱婴儿的母亲。这位母亲告诉他，只要怀抱中的孩子安然无恙，自己便是无所畏惧的。这里所强调的是一种永恒的理念，从这一点来看，该角色与电影《霸王别姬》中的程蝶衣是有相通之处的。对于后者而言，不论世道人心再怎么变，他作为霸王的虞姬是永远不会变的，因为在他的眼中只有霸王。换作是《妖猫传》中的这位母亲亦是如此，无论海上的风暴如何肆虐，她的心中永远能保持宁静，因为在她的眼中只有自己的孩子。当空海最后被每每不得其门而入的寺院所接纳的时候，他对作为住持的丹龙又提出了这一理念，即是否找到了永恒的超脱了极乐之乐和

五 光只从黑暗中来

尘世痛苦的东西。而空海在向白居易讲述了这个海上的母亲的故事后，表示一定要来大唐寻找到她身上的这种永恒不变的东西，显然他是在白龙的身上找到了。对于白龙而言，无论王朝更迭，盛世不再，他心中的爱和恨都是不变的，因为在他的眼中只有贵妃。这种恨便是《长恨歌》中所写下的"天长地久有时尽，此恨绵绵无绝期"。

无怪乎最后白居易要对空海强调《长恨歌》事实上是白龙写就的。

光只从黑暗中来

——专访《村戏》导演郑大圣

五　光只从黑暗中来

历史是一个舞台，我们每个人都曾经和仍旧是这个舞台上的演员，而要说到这出戏的导演，或可谓之命运。

中国通俗文学总有一个善恶的判断，是一种伦理的裁判，说书用的。

由此可见，郑大圣导演之所以会选择以作家贾大山的小说改编成电影《村戏》，想必正是贾大山的作品中具备了对于传统的通俗文学所进行颠覆的价值。

贾大山先生的小说，一看就不是一个所谓的作家、知识分子站在生存的安全地带、带着精英优越感俯视般地想象、观察生活。他跟他笔下的那些人物一起活过，跟他们一块儿饿过、熬过、混过。我们能够读得出来，他置身其中，同其情。

诚如郑大圣所言，选择文学作品进行改编很大程度上有赖于作者提供的不落窠臼的视角。这在导演与作家的视点产生重合后，为影像化的再度创作奠定了基础。

费里尼曾说，电影与文学的相似通常建立在论战关系、毫无意义的争先性和虚假的从属性上。每一种艺术品都活在它能够被理解和表现的范畴内，把它从原始语言迁移复制到另一种语言上，意味着抹杀它、否定它。

从中可以看出，将文学作品改编成电影绝非不明就里的人所认为的那样，仅仅是照搬文学作品变为影像那般驾轻就熟的事。

光只从黑暗中来

电影《村戏》剧照1

144

五　光只从黑暗中来

电影《村戏》剧照2

因为原作小说用的是白描的手法，每一篇都很短，对于电影改编而言任何一篇都不够用。好在这是一个系列的短篇，写的都是发生在一个村庄的故事——"梦庄纪事"。这就像是一系列的速写。

以上是郑大圣导演谈到在对原著进行剧本创作的过程中所遇到的困难。可以认为，文学原著与电影改编之间是有着本质上的隔阂的，正应了上文所提到的费里尼在这方面的见解。

主流电影一定是建设性的，是对核心价值观的反复确认和反复维护。只有艺术电影是颠覆性的，挑战人们某种固有的对世界的认知、对审美的预设，以及观影经验的舒适度。

由此可以认为，《村戏》作为一部纯粹的艺术电影，对电影本体所构成的挑战性是显而易见的。虽然至今未能在院线进行大规模的上映，但从各大电影节以及通过点映的形式得到的评价来看，为数不少的影评人和观众都倾向认为该片是过去一年中最好的华语电影。之所以能够形成这种效应，想必在这部电影中理所应当地具备了郑大圣提到的艺术电影的特性。

光只从黑暗中来

电影《村戏》剧照 3

五 光只从黑暗中来

这还要从他早年留学美国的经历说起,用他自己的话来讲,就是经历了艺术和信息的"大爆炸"的阶段。

20世纪90年代的美国电影工业在斯皮尔伯格和卢卡斯等人的探索下,借助科技上的优势将电影在视听上所能享受到的感官愉悦推向了极限。其时,郑大圣作为一名学习艺术的留学生在那片热土上亲历着这些剧烈的变化。不仅仅是电影,还有来自整个现代文明方方面面的摧毁与重塑。可以说,有幸目睹这些在当时世界上最前沿的艺术,这对于他其后的创作必定产生了不可估量的影响。

高票房不等于商业片。商业片必须要有一个主流的价值观,才能够覆盖更多的观众。好莱坞大片拍的不是美国电影,不是国际合作电影,它拍的是全球电影。既然要覆盖尽可能多的、不同文化、不同语种的人群,理所当然要讲述人类共通的价值观、共通的思想和感情。

郑大圣导演的这番见解,使得今天国内所奉行的"唯票房是瞻"的商业片的概念相形见绌,不可不谓是"拨乱反正"。

最近在中国电影导演中心的一次演讲,郑大圣导演在自己准备好的"四个没有标准答案的问题"中的最后一个"我想成为一个什么样的导演"中讲道:"就是坐在黑暗里,前方的光亮闪闪烁烁在微微颤动,看到这一幕,你心里会暗暗地跟自己说,还好、还好有他的片子还陪着我们。"

郑大圣导演的这番表述,正是对于电影艺术所具有的那份诗意的领会。懂得电影的美,抑或说究竟什么才是电影的美,从他的这段话中便可见一斑。这不由得令人联想到歌德的那句诗:"光只从黑暗中来。"

光只从黑暗中来

郑大圣

  1968 年生于上海，属猴，所以叫大圣。出生于电影世家，外祖父是戏剧家黄佐临，外祖母是舞台银幕双栖明星丹尼，母亲是第四代导演黄蜀芹，父亲郑长符是美工师。1986 年考入上海戏剧学院导演系电影导演班，1990 年毕业后在上海电影制片厂担任场记，1991 年进入美国芝加哥艺术学院电影制作系学习。代表作有《王勃之死》《古玩》《村戏》等。

爱似琉璃

——专访琉璃工房创办人张毅、杨惠姗

五 光只从黑暗中来

《花相拥》

俄国作家屠格涅夫在小说《猎人日记》中有这样一段发人深省的叙述,故事中的一位农场主的妻子去世,在治丧的过程中作为丈夫的他看着妻子的尸体摆在大厅中,却无法用眼泪这一最为直白的形式来表达悲恸。他不懂得悲哀为何物。直到一天夜里,这位农场主守在妻子的尸体旁边,当看见烛光中有一只苍蝇飞到妻子的脸上时,他突然间号啕大哭。

光只从黑暗中来

《小千》

五　光只从黑暗中来

张毅、杨惠姗在惠园

　　张毅先生在谈到屠格涅夫所在的 19 世纪文学的精髓时，强调了一个时代的创作者对于生命的认识。与 20 世纪诸如像海明威这样的代表性作家相比，托尔斯泰、陀思妥耶夫斯基和屠格涅夫对于人类境况的审视要更为精准。而他们的作品，在今天依然可以在像张毅先生这样孜孜不倦的艺术探索者的身上产生不可磨灭的影响。从写作、拍电影，再到后来的琉璃艺术的创作，张毅先生让我看到了在今天硕果仅存的一类人，这要追溯到中国文化中对于理想男性的形容，即"士"。

　　作为 20 世纪 80 年代"台湾新电影"运动中的重要成员，张毅先生曾凭借社会现实主义电影《我这样过了一生》获得第 22 届台湾金马奖最佳导演。而到达这一电影事业的顶峰，却是从一个忤逆父命、爱看"闲书"的少年开始的。

杨惠珊在敦煌

少年时代的张毅先生是一个不折不扣的顽童，在经商的父亲的严厉管教下非但没有"戒掉"阅读的习惯，反倒用尽各种手段来寻获父亲所称的"闲书"。父亲眼中的闲书，也就是无用之书，指的就是教科书以外的一切可读之物。而这一要求一旦落实到年少的张毅先生头上，却被他给完全颠倒了。

文学与电影塑造的青春期

有人认为，对于一个国家而言，首要的是政治家，再者是军事家，然后才轮到艺术家。而当时的台湾，就大环境来说，艺术或者说文化相较于其他方面而言，无可奈何地屈居次要的地位，而艺术家的境遇就更不堪了；注重实用主义的台湾社会及其学校教育，在对美有着先知先觉的少年张毅的眼中成了必然要加以反抗的对象，而他反抗的手段便是文学和电影。

为购买读物去街边摆摊卖"关东煮"，为进电影院观看电影逃课而忍受老师的体罚，可以说张毅先生的青春期就是一条为追求艺术而心甘情愿受苦受罚的颇具理想主义色彩的道路。在今天看来，这无疑是一件难能可贵的事，可在当时却给张毅先生的家庭造成了不可调和的冲突。张毅先生的父亲本希望作为家中长子的张毅子承父业，成为一名商人，万万没有想过他会成为一位艺术家。因为在张毅的父亲眼中，当时所谓拍电影的人等同于一群蹲在马路边吃盒饭的叫花子。而当张毅先生进入电影学校正式开启学习电影拍摄之路时，代价就是他从此在家中彻底失去了地位，父亲甚至毅然决然地做到了不再同他讲话的地步。父子间的隔阂对当时的张毅而言还不算是打击最大的，因为军训体检被查出患有先天性高血压这一突如其来的恶讯成了他那段人生的梦魇，要知道医生的诊断是他随时会一命呜呼。

亚太影展奖杯

DFAA 颁奖现场

这不禁令人想起张毅先生在那个时候最钟爱的日本作家三岛由纪夫,后者同样由于体检不合格而未能如愿为国效力,为此他遭受的打击亦同样非同小可。

在谈到少年时代偏爱的作家三岛由纪夫和海明威时,张毅先生对二者的作品和生平事迹可说是了如指掌。这两位作家在对世界和人性的认识上也有着相近之处,无怪乎三岛由纪夫在西方会被誉为日本的海明威。这两位20世纪最具代表性的作家,分别代表了两种截然相反的美学:《金阁寺》的阴柔同《老人与海》的阳刚,都深深地影响了青年时期张毅先生的世界观,甚至在那时候激发了他练习武术用以强身的愿望,要知道海明威和三岛由纪夫都练过拳击。这对他后来创

《菊之舞》2007 (左上)
《澄明之悟》2006 (左下)

五 光只从黑暗中来

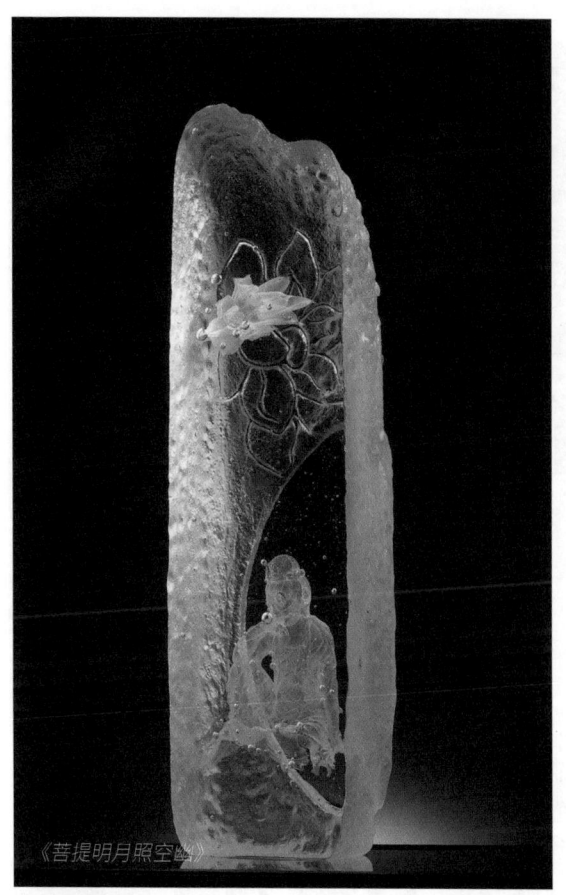

《菩提明月照空幽》

办"琉璃工房",要求加入的成员练习太极拳应该不无影响。而海明威和三岛由纪夫这两位在各自所属的美学流派中登峰造极的作家的结局,都对那个时候的张毅先生思考生命和世界造成了冲击。两位作家都选择了自杀,不可不谓是殊途同归。

要知道从那个时候开始已经要时时刻刻面对死亡的张毅先生,在自己所仰慕的两位作家的作品及其非同寻常的人生经历中,找到了强烈的共鸣。

可这样的共鸣对张毅先生而言仅仅停留在了那个时候,所以说它是完完全全属于他的青春期的。如今回忆起那时对这两位文学偶像的崇拜,或者用他的话讲是对于他们的那种刚强的意志的神往,现在看来已被他看作是一场青春期必然会发作的"荨麻疹"。

谈到那一代的日本作家,诸如三岛由纪夫、川端康成和芥川龙之介都无一例外在已获得文学的盛名后选择自杀的结局,张毅先生对此有着敏锐且深刻的认识。"他们在检视自身的时候,都感到如果自己的文学不能够再向上的话,便没有理由再活下去。

光只从黑暗中来

《三十六佛手整套》

《太湖石系列 2：气壮天地》　　　　　　　　　　　　　　　《太湖石系列 3：万古心》

他们都把这个美的王国——由文学所构建的世界看得比生命更重要。"正是基于这样的认识，才为张毅先生在观念上的转变留有余地；而后来对于菲茨杰拉德的认同，或许与张毅先生对于中国文化的认同不无关系，毕竟这种认识于他而言才是有着泥土味的。要深究这种认识的转变，形容张毅先生现在的状态，引用一句《道德经》里的话亦未尝不可，那便是老子所说的"知雄守雌"。

艰难跋涉的导演之路

在电影学校的那段时光对于张毅先生来说可谓如鱼得水，作为学电影的学生，他拍摄的作品已经得到老师的高度认可。可随之而来的就业问题还是令他犯了愁，用他自己的话说，"我可不愿死在电影上面"。张毅先生的这一担忧不无道理，要知道对

光只从黑暗中来

《并蒂圆满》

《大吉祥龙凤天》

于电影拍摄来说通宵达旦的工作乃是家常便饭，而医生曾直言不讳地告诫过他，以他的这种身体状况熬夜等于早死。于是，在初涉电影业的时候，张毅先生选择了一个折中的办法，只从事编剧的工作，与剧组的拍摄，与担任导演这件事总是保持着距离。然而，成为导演在拍摄现场直接介入一部电影的生成，这样的情况还是在张毅先生的生命中，在他的创作生涯中占据了至关重要的一环。

台湾的电影业在张毅先生入行的那个时期可以说是无比糟糕的，这不由得令人联想到今天大陆的电影业所面临的窘境，究其原因概不能出乎从业人员的素质良莠不齐之外。要说明当时的人员素质之差到了何种地步，张毅先生不得不对我引经据典地讲起了瑞典导演英格玛·伯格曼的御用摄影师贡纳·费舍尔写过的一本跟着伯格曼拍摄电影的札记。书中记叙了他们在沼泽地带拍黄昏，在拍摄结束后回家的路上，只见黄昏中有一群鸟从芦苇中飞出。此情此景令导演伯格曼和在场的众人不约而同地驻足观看，

五 光只从黑暗中来

直到夜幕降临。

相比之下，当年张毅先生在同台湾的电影从业人员一起工作的时候，曾经历与上述费舍尔记叙的截然不同的另一种情形。一次张毅先生跟随他的授业老师的一个剧组前往美国拍摄电影，途径旧金山这一艺术气息浓厚的城市时，张毅先生本准备下车驻足观摩他看过的美国经典电影《伊甸园之东》的故事发生地，不料除他以外的其他工作人员都急不可耐地催促着他离开。原因令人不胜唏嘘，这些不解风情的电影工作者们一心只盼着能早日前往色情场所观看脱衣舞表演。

由此可见，台湾当年的电影从业人员可以说连最基本的素质都不具备，更别提艺术创作了。正因为如此，在那种糟糕的环境中拍摄电影的张毅先

《大放光明》（上）
《药师琉璃光如来》（坐）（下）

生的表现就显得难能可贵，这也是他在后来之所以能成为台湾新电影的推动者之一的原因所在。

说起当年的台湾电影业，还很不正规，甚至很难说已经步入了正常发展的轨道，而这在张毅先生看来实属可悲可叹。体制上和产业结构上的问题总是阻挠那个时期的台湾电影人创作中的表达。张毅先生导演的《我这样过了一生》当时就因为有一段对话内容被国民党的审查机构认为有"通共"的嫌疑而遭删减，这样的做法在今天看来当然是小题大做。

正是基于这些制作电影时的不公遭遇，张毅先生才萌生了退出影坛的念头，试图找寻一种可以完整表达自己的创作理念的载体。此时，他最亲密的电影合作者，他的伴侣杨惠珊女士在参演由他执导的最后一部电影《我的爱》里面，在该片使用的一种特殊的道具为他觅得了最符合其创作设想的材料，这就是"琉璃"。

没有人知道白炽的火焰里，到底在说些什么话，
也没有人知道吹管的端部能唱什么歌。
日日夜夜跟玻璃的战斗，
只是寂静无声。

中国汉朝，就有琉璃的字眼。
隋朝，有一些类似 Pate-de-verre 的玻璃，流传至今。
清朝的黄琉璃碗烧得令人"张口结舌"。
但是，
和现代玻璃艺术有关，从琉璃工房开始。

来自电影，喧哗幻丽的生涯里过来，

五　光只从黑暗中来

《今佛手药师琉璃光如来》

对平稳的岁月，"按捺不住"，

对挑战，又怦然心动。

一步跨进去，十年难回头。

淡水海边的工作室里，

严冬寒夜，酷暑炎午，一样摄氏四十度。

四十岁找一个崭新的天地，再打一仗，

需要有点胆量和想不开。

如果一件玻璃作品是一场战斗，

几年来血流成河，白骨如山。

可是琉璃工房仍然斗志高昂，喊杀震天。

只因为玻璃里忽光忽影，似静似动，

此刻美艳绝世，转眼又可能粉碎不值分文的性格，

是一首神秘诱人的歌。

大军已过河，战鼓鸣天，

中国现代玻璃艺术肯定有一个体面的开始，

琉璃工房必会是中国人在世界玻璃艺术史上的重要的第一页。

——张毅《寂静无声的战斗》

这是在 1990 年的 1 月，张毅先生为琉璃工房在诚品的首展所作的序文。

从中可以看出在创办"琉璃工房"博物馆的第一阶段，张毅先生同杨惠珊女士，以及琉璃工房的成员们付出了多么大的心血。这样为一门艺术呕心沥血的精神又是何等豪迈，令人钦佩。而要说起琉璃工房在中国工艺美术中的异军突起，张毅先生的爱人杨惠珊女士功不可没。

影后杨惠珊

出演过 100 多部电影的杨惠珊女士，曾在 20 世纪 80 年代初期的台湾影坛达到了个人事业的巅峰。她于 1984 年凭借《小逃犯》获台湾电影金马奖最佳女演员，翌年同张毅导演合作《我这样过了一生》再获台湾电影金马奖最佳女演员，紧接着又在下一年的第 29 届亚太影展凭借同张毅导演再度合作的电影《玉卿嫂》获封影后，可谓"三连庄"式地拿奖，代表了那个时期的女演员在表演和电影上所能达到的最杰出的成就。

《千一自在》

在谈到《我这样过了一生》中的"桂美"这一典型的中国传统女性形象的角色时，杨惠珊女士不由得谈到了家庭对她的影响。因为在她看来，该片中桂美的家庭观念就等同于她从小所受到的家庭赋予她的价值观。"假设，桂美并非你所扮演的角色，而就是你本人时，你会否做出同桂美一样的选择？"我的这一提问，在杨惠珊女士那里所获得的答案是肯定的。

台湾新电影中的女性形象

话已至此，不由得令我想起了那个时期的台湾电影中的女性形象。与桂美这一被赋予了中国传统的家庭伦理观念的女性形成鲜明对比，具有颠覆性的是由张毅先生的

光只从黑暗中来

《古风六品》

好友杨德昌导演在同一时期拍摄的影片《海滩的一天》中所塑造的女性形象。

　　由台湾著名女演员张艾嘉出演《海滩的一天》的女主人公，与《我这样过了一生》中的桂美的遭遇虽有着各自所属的社会阶层的明显区分，可在情感的遭遇上却应该说是相一致的。二者都在影片中遭遇了丈夫的背叛，也就是后者的出轨这件事。与最终选择为家庭而妥协和牺牲的桂美截然相反，张艾嘉所扮演的女主人公在影片的最后做出了惊人之举——她在警察面前对海滩上溺亡的丈夫的尸体做出拒绝承认，否认这具尸体是她的丈夫，之后便毅然决然地过起了一种与家庭分道扬镳的生活。

迎难而上的电影搭档

言归正传，张毅先生在谈到《我这样过了一生》的拍摄过程中遇到的最大阻力时，透露了在片中让杨惠姗增胖的这一细节。桂美在该片中既然要被她的扮演者杨惠姗女士全面地演绎一生的遭遇，影片进行到一半时这一人物身体上最直观的变化就成了角色及影片令人信服的关键所在。正是在这一关键细节上所付出的在今天看来令人难以置信的努力，才成就了该片最为人所称道的部分，即真实。而这种真实则有赖于女主演杨惠姗女士的敬业精神，以及该片导演张毅力排众议的决定。据杨惠姗女士说，当时因为对这一让角色在拍摄周期内，也就是一个月内达到增胖的效果的执着要求，张毅作为导演差点由于超时超支被投资方撤换。而杨惠姗女士更是为此付出了作为一名演员所能为角色做出的牺牲的极限：她必须每天疯狂地进食，并且是她平素并不青睐的甜食。在谈及此事时，我忍俊不禁地对杨惠姗女士讲道，换作是今天的女演员要想让她们变瘦应该不成问题，可要是让她们一个月内吃成一个大胖子的话想必应承者寥寥。

"做电影的人什么都会做。"这是杨惠姗女士借用一位做导演的好友的话，为她和张毅先生从电影业转入工艺美术这一在当时并不被人所看好的举动所做的自勉。事实也诚如杨惠姗女士所言，她和张毅先生就凭着这份电影人的执着与迎难而上的气魄，在30载的琉璃艺术的创作中将这一在中国默默无闻的艺术品做到了蜚声海内外。

创作中对儒家和佛教的领悟与阐释

儒学和佛教是张毅先生和杨惠姗女士在创作琉璃艺术时的两大母题，亦是二位将终其一生所信奉的信仰。

"我的爱脆弱如水晶玻璃。"这是张毅先生对自己执导的最后一部电影《我的爱》的解读。而这一理念在他其后所进行的琉璃艺术的创作中可谓历久弥新，被一再融入他的作品。具有这种认识，究其本源仍然要回到创作者对于儒家和佛教的精髓的领悟，一言以蔽之就是一种对人的终极关怀。

"念无常，念生死。"这在佛教中是经典的教诲，亦是被张毅先生最为推崇的理念，即要将"无常"视为安身立命的本体，否则便会有堕入虚无主义的倾向，导致一种引人向下的麻木不仁的状态。

把佛教当作方法，因为在张毅先生看来，儒家文化中所缺少的方法能够在佛教中找到。这样的方法论上的认识在张毅先生看待中国文化，乃至认识世间万物的演变中起着至关重要的作用。在他看来，佛教的理念是最能将琉璃艺术这种质地独特的艺术品所代表的观念囊括其中的。万事万物都摆脱不了生成和毁灭的轮替，这也正是琉璃所具备的这种特性所能加以揭示出的：很美，但又是极度脆弱的一种存在。这难道不正是世间万物所具有的特性吗？反观张毅先生的这些创作，观念可以说是独立于作品之外的，同时又是通过作品的呈现来强化观念。

在今天欣赏和收藏琉璃艺术品的人群以中年人为主，在谈到这一现实时，张毅先生对未来充满坚定的信念。这里所指的未来，就是年轻的一代在成熟的过程中必会渐渐接受琉璃工房出品的艺术品所被赋予的价值。

"创作琉璃的过程就是一个不断累积的过程，在做的过程中无时无刻不在"反省"的过程。"诚如张毅先生所言，事无大小，如能秉持这种无时无刻不在积累和反省的精神，照此实行，天下事岂有不修成正果之理。

在对接下来创作琉璃艺术将要面对的挑战时，张毅先生对于他这一代人的价值观的传承既抱有期待又心怀忐忑。而当被问及是否会随着大环境的变化做出一定的妥协和改变时，张毅先生依然秉持明知不可为而为之的精神。

《新药师琉璃光如来》

光只从黑暗中来

《富贵自在地》

琉璃艺术的传承之路

琉璃艺术作为一种纯粹的艺术、高雅的艺术，在今时今日的生命力，毫无疑问会招致商品经济和亚文化的冲击，但张毅先生和杨惠姗女士的这种坚守令人不胜钦佩。

"琉璃工房的作品没有性价比之说，不是品质和价位的问题，更不是售后服务的问题。它是一种精神状态的东西，是一种艺术，是一种文化。"张毅先生对琉璃工房的这一定义可谓面面俱到。

日本导演小津安二郎的自传《我是开豆腐店的，我只卖豆腐》令张毅先生在对这位电影前辈的作品表达敬仰的同时，亦对这种一辈子只做一件事的精神持有认同和无尽的向往。相信琉璃工房在他和杨惠姗女士三十年如一日的坚守与持续推动下，琉璃艺术背后所承载的文化和精神必会在更多的人中间得以传承。

本文图片均由上海琉璃艺术博物馆提供

光只从黑暗中来

张毅

1951 年生于中国台湾，作家，电影编剧、导演，1982 年与杨德昌、陶德辰、柯一正联合执导四个短片合集《光阴的故事》，在 1984 年和 1985 年连续执导了由杨惠珊主演的电影《玉卿嫂》和《我这样过了一生》，凭后者获第 22 届台湾电影金马奖最佳导演和最佳原创剧本，1986 年执导完电影《我的爱》后与杨惠珊一起创办琉璃工房。

杨惠珊

1952 年生于中国台湾，电影演员、琉璃艺术家，1976 参演第一部电影《五娇娃》，主演《错误的第一步》后在影坛崭露头角，1976—1986 年共主演 50 多部电影。1983 年前多扮演父际化、赌徒、杀手等角色，被称为黑帮片的首席女明星，作品有《赌王斗千王》《谁敢惹我》《魔鬼杀手》《慧眼识英雄》等，1984 年凭电影《玉卿嫂》获第 29 届亚太影展最佳女主角奖，同年凭电影《小逃犯》获第 21 届台湾电影金马奖最佳女主角，翌年凭《我这样过了一生》再获第 22 届台湾电影金马奖最佳女主角。

还乡

——评法国电影《蔑视》

五 光只从黑暗中来

荷马的世界是一个真实的世界，但是诗人，是属于文明的。

这个世界与自然相和谐，而不是违背自然的。《奥德赛》里的美人，正是来源于他对现实的信仰，并且是以一种没有被扭曲的形式。不管你是接受，还是否认，它就是它的样子。

当《蔑视》中出现的影片《奥德修斯》（《奥德赛》）的老导演弗里茨·朗对担任这部电影的编剧保罗说出这番意味深长的话时，影片所要传达的全部内涵已被囊括其中。正如《蔑视》的导演让·吕克·戈达尔在片头引用法国著名影评人安德烈·巴赞的话：

电影取代了一个符合我们希望的世界，"蔑视"就是一个讲那个世界的故事。

意大利作家莫拉维亚的小说《蔑视》是一部寓意深刻的现实主义力作。作为二次世界大战结束后成长起来的作家，他的作品主题可以说是一以贯之的。人的身体和心灵无可避免地遭受到现代世界的摧残，在他的另一部长篇小说《乔恰里亚女人》里施加伤害的是战争，而在《蔑视》中则是金钱。确切地讲是世界更为美国化了之后，在以美国为主导的商业化的生活中，人在过去曾一度拥有的最为宝贵的事物即真实的彻底丧失。

"每天早晨为了挣一个面包，我走到集市上，在那里他们出售谎言。我充满希望地在那里排着队。"由德国导演弗里茨·朗本人扮演的弗里茨·朗，在该片中引用贝尔托·布

影片《蔑视》女主演碧姬·巴铎

莱希特所作的民谣中的这句话时，以一位在好莱坞获得成功的导演的身份恰如其分地指出好莱坞所象征的现代世界的虚假。

构成戏中戏的《蔑视》与《奥德修斯》

　　这种虚假可以说被美国男演员杰克·帕兰斯在该片中所扮演的美国制片人普罗可修展现得一览无遗。他作为《奥德修斯》这部讲述荷马史诗《奥德赛》的电影的制片人，却无知到将罗马共和国和希腊文明混为一谈。除此之外，导演戈达尔从这个人物一出场就让他的言行表现得既夸张又多余。这在2003年拍摄的幕后花絮中，担任该片摄影师的拉乌尔·库塔尔忍俊不禁地回忆40年前拍摄该片时帕兰斯和戈达尔之间的矛盾。戈达尔为帕兰斯设计了一套颇为烦琐的下台阶时要做出的动作，包含了下台阶的级数，以及左顾右盼时的方向。无奈帕兰斯不是记错了下台阶的级数，就是望错了方向。以至于最后他终于恼火地向要求他一遍又一遍从头再来的戈达尔质问道："你得告诉我做这些到底是为什么？"

　　关于普罗可修这一人物身上比比皆是的那类不知所云的言辞和令人感到莫名其妙

《奥德修斯》的导演弗里茨·朗　　　　　　　　　　　影片《蔑视》女主人公卡米尔

的举动，还可以从下面这两处对人物的设计来看。一处是当他同《奥德修斯》的导演弗里茨·朗在罗马电影城的放映室发生争执时，会突然抓起被他打翻在地的胶片圆盘，完成像古代奥林匹克运动员掷出石盘时那样的动作。坐在他面前的弗里茨·朗不仅未被对方的这一看似歇斯底里的举动唬住，反倒不失风趣地对普罗可修讲道："你终于领会了什么是希腊文化。" 另一处则是每当普罗可修遇到编剧保罗提出的尖锐问题时，他都会从身上掏出一本火柴盒那么大的小红书，翻看上面记载的不知出处的"格言警句"，并抑扬顿挫地当着别人的面念出来。

这些伴随在人物身上的令人印象深刻的部分是在莫拉维亚的小说中无迹可寻的，从中可以看出戈达尔在塑造普罗可修这一有着现代性的人物时独具匠心的指导和自成一格的幽默。

碧姬·巴铎现象

与普罗可修所代表的现代世界的虚假形成鲜明对比的是由法国女星碧姬·芭铎扮演的卡米尔，在该片中她的身份是编剧保罗的妻子。有趣的是影片开头所展示的碧姬·芭铎玲珑剔透的裸身镜头，这些在后来被视为对这一人物从小说进行电影化的表现中最为精妙的部分，却是在该片的美国投资方出于商业的考虑下强迫戈达尔补拍的。而戈达尔作为一位开创了即兴创作电影的先锋导演，在当时面对这一情形时的处理可谓游刃有余。在之后的一次采访中，他对后来在美国制片方要挟不付清电影制作尾款的压力下补拍的镜头自鸣得意，并称即使拿不到钱也不愿再将其删去，虽然在他原先看来这些碧姬·芭铎的裸身镜头对于剧情而言等同滥竽充数。撇开戈达尔的机智与在艺术创作中同商业化相抗争时表现出的灵活，就电影本身而言，导演戈达尔曾称这部电影的主题是关于芭铎的，或者说是关于芭铎这类女人的。从这个角度看来，那些碧姬·芭铎的裸身镜头就显得不可或缺，甚至可以认为是该片的神来之笔。

人充满劳绩，但还诗意地安居在大地之上。

——荷尔德林

回到该片中的这一人物身上，在碧姬·芭铎这位美女演绎下的卡米尔敏感、激进，身上有一种让人捉摸不透的东西，会令遇到她的男人不得不对其另眼相看。她的存在对于保罗而言，就如同《奥德赛》中的美人之于荷马，是一种未被现代世界所扭曲的自然的化身，是古代文明的世界中才会具有的诗意。她就是保罗所代表的生活在今天的诗人对现实的憧憬，而这只能到过去的世界中才能有所寻获，那里是人类的故乡。关于这种人类固有的乡愁，弗里茨·朗在该片中曾引用了荷尔德林的诗。这位被尼采和海德格尔最为推崇的德国诗人，在其诗作《还乡》中表达了一种具有形而上学特点的观念，亦即海德格尔在分析这首诗作时所揭示出的接近本原的理念，故乡所象征的就是万乐之源。简而言之就是人的一种返璞归真的状态，只有返回故乡才能获得，并且必须是像荷马史诗中的奥德修斯这样的人，才配享有还乡的资格，其在异国他乡流浪中遭受的艰苦卓绝体现的是故乡所具有的价值。保罗在影片的最后意识到了卡米尔对自己的重要性，认同了老导演弗里茨·朗对《奥德赛》的理解，即还乡的理念。于是他

五 光只从黑暗中来

影片《蔑视》女主人公卡米尔与普罗可修

拒绝替制片人普罗可修重写剧本,而这样做的缘由是因为失去了卡米尔的爱,卡米尔对于保罗的全部意义就是故乡的存在,是人自身内在的本原之所在,可被看作是他全部劳作生活所要换取的一种快乐。如果这一快乐不存在了,他存在于世的全部劳作——在该片中是为偿清为与卡米尔共同生活而买下的公寓的贷款,而接受编写电影《奥德修斯》的剧本工作——毫无疑问就失去了意义。而保罗在最后时刻对于弗里茨·朗的认同,事实上就是对于古代文明世界的认同。要知道普罗可修对《奥德修斯》的剧本所提出的修改,是一种精神分析式的对古代文学作品的解读,这显然是好莱坞式的做法,也是极为不公正的。而这一点是莫拉维亚在小说中借德国老导演这个人物直言不讳地道出的,"心理学从生理的角度贬低了一切"。

179

精神分析在好莱坞

从这里引申出来谈谈好莱坞的电影创作不算离题，自二战结束后弗洛伊德所开创的精神分析心理学在好莱坞的电影创作中产生了不可估量的影响，甚至是对美国，乃至民主国家所倡导的自由世界都起到了推波助澜的作用。但弗洛伊德的精神分析学最大的缺陷就是试图用"性"来解释一切，以至于人身上与生俱来的最优秀的品质均遭此理论的亵渎。而弗洛伊德最为著名的理论即是其分析古希腊悲剧诗人索福克勒斯的戏剧《俄狄浦斯王》时，指出的"弑父情节"与"恋母情结"。不仅如此，陀思妥耶夫斯基的《卡拉马佐夫兄弟》和莎士比亚的《哈姆雷特》，都被弗洛伊德用来佐证过自己的精神分析学，可见这套理论之荒谬。作家木心将弗洛伊德的这套认识世界的方式称作是平民化的，可谓一语中的。我想引用尼采的话来"教训"弗洛伊德一通再合适不过，"大众从来就不懂艺术三宝，即'高贵、逻辑和审美'"。由此可见，弗洛伊德对艺术一窍不通。正如同该片中的美国制片人普罗可修对于荷马的《奥德赛》中的主人公奥德修斯的解读，是一种对人身上的英雄主义进行贬低和亵渎的卑劣行径。

产生蔑视的理由

言归正传，该片中所设置的三角恋，在普罗可修与保罗和卡米尔三人相遇的第一幕中就显而易见。在衰败的罗马电影城内，当保罗与卡米尔如一对正在热恋中的情侣那样在重逢时准备相拥的时候，普罗可修驾驶着他那辆红色的阿尔法·罗密欧牌跑车从这对爱人中间插了进去。之后，当保罗在同老导演弗里茨·朗讨论《奥德修斯》的电影剧本时，被撂在一边的卡米尔的注意力落在了普罗可修的跑车上，她的手情不自禁地从这辆阿尔法·罗密欧的车头抚摸到了车尾。普罗可修的扮演者帕兰斯的外形粗犷，正好同羸弱的保罗形成反差。前者野兽的部分居多，而后者则正好相反，这也为这场夺爱的结果在一开始就判出了胜负。正因为如此，在后来剧情的推进中，卡米尔一次次发现了丈夫保罗跟普罗可修相比之下表现出的懦弱。当最后保罗一再追问卡米尔不再爱自己的原因时，后者毫不客气地告诉他："你不是个男人，这就是我鄙视你的原因。"

保罗在普罗可修所代表的以金钱为主导的世界中失去了男性身上本应具有的刚猛之气，结果在拥有金钱的普罗可修面前显得女人气十足，他当然不再值得卡米尔像从前一样爱他。卡米尔在影片的开头深爱着保罗，当二人赤身裸体躺在床上时，卡米尔会忽然询问保罗需不需要自己向他跪下。可见卡米尔曾像崇拜偶像一般爱着自己的丈夫。保罗在卡米尔的眼中曾是英雄，是主人和无可替代的男人。"我不会原谅你的，因为我太爱你了。""我恨你，因为你对我的冷漠。"卡米尔在二人最后的一场对话中所提到的冷漠，在该片中主要来自两处段落。当他们在罗马电影城遇上普罗可修时，后者要卡米尔坐上自己的阿尔法·罗密欧一起走，而一向对丈夫保罗言听计从的卡米尔这时忽然发现保罗对普罗可修的唯命是从，以及对自己意愿的不尊重。另一处是在卡普里岛上拍摄电影《奥德修斯》的那条船上，当普罗可修再一次当着保罗的面要卡米尔跟自己一块儿坐游艇前往别墅时，保罗再一次表现得像一个懦夫，他不顾卡米尔的意愿又选择迎合了普罗可修。卡米尔正是基于以上两次保罗的表现，由爱生恨，最终转为了对他的蔑视。

19 世纪文学的遗产

综上所述，保罗和卡米尔之间的爱情逐步走向瓦解，看似是女人的反复无常和与生俱来的神秘所致，事实上是有迹可循的。当卡米尔问保罗："如果我不再爱你，你会怎么做？"保罗却含糊其词地回应道："没有剧本的话，我们会卖掉公寓。"由此可见，金钱是二人的感情中始终挥之不去的阴霾。当保罗希望如普罗可修所愿让卡米尔跟自己一块儿去卡普里岛时，他又一次极不负责任地对妻子说道："我不愿强迫你。"

光只从黑暗中来

本片导演与女主演

而卡米尔的回答足可看出她对环境和人的感情发生变化时所具备的观察力是要优于男性的，"不是你在强迫我，是生活"。这种具有现代女性特征的角色在戈达尔的电影中总是占据着故事的核心，男人在这样的女性面前总是显得愚不可及，反应迟钝。这不由得令人想起同时期的另一位诗意电影的作者——意大利导演米开朗基罗·安东尼奥尼。他在该片上映的两年之前，就制作出了心里现实主义的一部划时代的作品《夜》。很难说两年后拍摄的《蔑视》与《夜》之间毫无关联，当然这两部作品各有千秋。在《夜》中由让娜·莫罗扮演的作家的妻子，显然与《蔑视》中同为作家妻子的卡米尔有着千丝万缕的联系。这两个女性人物的特质可以说是如出一辙，都是在电影史上具有深度的角色。两部影片的情感逻辑也有着异曲同工之妙，而戈达尔同安东尼奥尼这两位大师之间的惺惺相惜，亦可从他们各自拍摄的这两部作品中看出端倪。只不过，相比较戈达尔作品中表现形式的粗硬，安东尼奥尼明显要更为精致。这想必同后者的电影深受文学的影响有关，安东尼奥尼曾将福楼拜称为19世纪文学的顶峰。《情感教育》这部福楼拜继《包法利夫人》之后的又一部堪称伟大的文学作品，小说中对人物情感的捕捉和对处在社会变革中扭曲人性的刻画都是19世纪文学所开创的具有革命性的心理写实的精髓，在后一个同样处在社会剧烈变革中的世纪，被电影作者不偏不倚地继承和深化。

莫拉维亚与戈达尔的仁慈

再回到该片的分析中，在影片的最后，当失去所爱的保罗如同在他创作的电影《奥德修斯》中的主人公一样被人夺走妻子时，他准备好了手枪，想要模仿奥德修斯这位古代英雄，凭着人与生俱来的血性和英雄气概将情敌杀死。即使弗里茨·朗在这一点上提醒过他，死亡是解决不了问题的。同莫拉维亚的原著并无二致，卡米尔和普罗可修最后戏剧性地双双惨死于一场意外的交通事故。从这一点可以毫无疑问地认为莫拉维亚是一位内心无比温柔的作家，正因为他在最后没有让保罗以一种极端残酷的方式走向毁灭，而是给予这位现代"奥德修斯"一丝珍贵的希望。这种还乡的愿望被导演戈达尔通过摄影机在该片的最后一个镜头，即在弗里茨·朗导演的这部《奥德修斯》的电影的拍摄过程中，主人公奥德修斯凝视着他的故乡，以一种诗意而又温情的方式表达了出来。单凭这一点，就足以认为《蔑视》所达到的高度是要凌驾于《夜》之上的。

职是之故，该片所要给人以启示的正是这一还乡的理念。当现代世界对于生活其中的人而言已变得如同远离故乡，表现出流浪于异地般的不安时，学会凝视自己的故乡并懂得从中认识自身的人，正应了那句古语：自助者天助之。

本文图片（除注出外）均为影片剧照

艺术与收藏

——由电影《德军占领的卢浮宫》谈起

五　光只从黑暗中来

对收藏家来说，最勾魂摄魄的莫过于把单独的藏物锁闭进一个魔圈里，在其中物件封存不动，而最强烈的兴奋，那获取的心跳从它上面掠过。任何所忆所思，任何心领神会之事，都成为他财产的基座、画框、基础和锁闭。收藏物的年代、产地、工艺、前主人——对于一个真正的收藏家，一件物品的全部背景累积成一部魔幻的百科全书，此书的精华就是此物件的命运。于是，在这圈定的范围内，可以想见杰出的面相师——收藏家即物象世界的面相师——如何成为命运的诠释者。我们只需观察一个收藏家怎样把玩欣赏存放在玻璃柜里的物品就能明白。他端详手中的物品，而目光像是能窥见它遥远的过去，仿佛心驰神往。

——瓦尔特·本雅明《打开我的藏书——谈谈收藏书籍》

由此可见，艺术与收藏之间有着一种特殊的关系，诚如以上这段由著名的书籍收藏家、艺术批评作者本雅明所形容的那样，是一种涉及人的潜意识中对美的渴望，以及对这种美发生干预的现象。收藏家某种程度上成了被收藏的艺术的一部分，这不禁要令人联想到杜尚的那句话：观众才是作品的最后一环。而收藏家，则是作为最有权力的观众存在的。

提到这种对艺术收藏所享有的"最高权力"，莫过于征服者，也就是发动战争者对于艺术品的掠夺与将其作为战利品的这种形式的收藏。在影片《德军占领的卢浮宫》中，就提到了在卢浮宫这座举世无双的博物馆的历史上最著名的一位"收藏家"拿破仑，以及在由他所发动的那些对外战争中为这座博物馆带来的那些无与伦比的艺术品。而其后在二战中占领卢浮宫的德国军队，也就是以希特勒为首的纳粹，更是对占领区内的艺术品进行过疯狂的掠夺。

在该片中，由一位特型演员所扮演的拿破仑甚至用不无戏谑的口吻声称，发动战争的目的就是为了能够收藏在卢浮宫内的这些从各个地方掠夺来的艺术品。这种说法当然有失偏颇，是戏剧化的处理，但从中不难看出，艺术品对它的收藏家而言，似乎是可以不惜一切代价来换取的。究其缘由，则又要回到本雅明谈收藏的这篇文章，在这里引用其中的一段话来加以解释这种艺术与收藏之间的关联：

在一个收藏家的生活中，有一辩证的张力居于混乱与有序的两极之间。他与所有权有神秘的关系；他与物品的关系，就是他不重视物件的功用和实效，即它们的用途，而是将物件作为它们命运的场景、舞台来研究和爱抚。

从中不难看出，艺术之于收藏，更多的是一种物欲的升华所带给持有者的精神愉悦。像这种对于美的渴望，乃是人的天性使然，借用海德格尔的观点来讲，艺术使得人在辛勤劳作之后还能够诗意地栖居在大地之上。收藏家正是能够领会这种诗意的人，并且愿意为之慷慨解囊，使艺术成为超越一般意义上的商品属性的物件。真正好的艺术品，就应该是让想要收藏它的人欲罢不能的一种物件。

该片所要探讨的正是这种收藏者对于艺术的态度，以及为此所付出的全部行动的意义所在。两位主角在历史上都是真实存在的人物，若雅尔是被德军占领期间卢浮宫的馆长，梅特涅伯爵则是负责接管卢浮宫和占领区内所有博物馆及艺术品的纳粹军官。这两位本来处于敌对阵营的人，却因为卢浮宫，因为艺术而选择成为合作者，一起为保护这些被他们所珍视的物件，在那个凶险的战争年代里铤而走险。梅特涅最后因为没有遵照希特勒的旨意将占领区内的艺术品运往德国遭到解职,而若雅尔则要冒着被自己的民族追究为叛徒的秽名,与这名敌方军官在法国被占领的四年之中一同竭尽所能保护那些艺术品。在当时的那种特殊环境里,他们有幸成为那些艺术品实际的收藏者,并成功地将之保管到了战争结束,最后完璧归赵。这种德行的高尚,令那个残酷的战争年代显示出了人性的光辉的一面,而这正是源于两位身份特殊的收藏家在对待艺术时所表现出的远见卓识和无私的爱。

这个关于收藏与艺术的故事,被俄国导演亚历山大·索科洛夫用纪实性的旁白叙述,以及用历史影像与表演相结合的拍摄方式制作,成为一部观点新颖的电影佳作。据说,导演兼编剧的索科洛夫本人就是一位收藏家,经常出入世界各地的美术馆与博物馆,会选择制作这样一部立意不俗的题材的电影看来也是顺理成章之事。

显而易见,导演在该片中所要传达出的是一种对于收藏的责任。关于这种责任的解释,本雅明亦有着精辟的理解。

实际上,继承是获得一份收藏的最佳途径。因为一个收藏家对其所有物的态度源于物品所有人对其财产的责任感。因而,在最高的意义上,收藏家的态度就像是一个继承人的心愿。一份收藏最显著的特征总是它的可传承性。

通过上述这段话的解析,使我们得以觑见收藏家的心理,以及他们付出种种努力使艺术得以被传承下去的行为逻辑。艺术收藏的可传承性,正是其价值所在,也是收藏家这种人存在的意义。因为,有了收藏家发现美的眼光,以及难能可贵的责任感,艺术才得以千古流芳。

在过去,历代帝王便是最大的收藏家,美第奇家族凭借卓越于那个时代的眼光收

马龙·白兰度曾扮演拿破仑，影片中不乏对这位皇帝渴望占有艺术品的描绘

藏了文艺复兴时期最重要的画家们的作品，还庇护并资助了思想家马基雅维利，使得这位伟大的思想家的著作得以流传至今。甚至可以说，若没有这样的具有高尚品格的收藏家，便不会有我们今日之所见的传世的艺术与文化及其产生的深远影响。

今天，出于商业的目的应运而生的美术馆系统，以及越来越多的公共收藏，正日益打破过去完全由私人收藏家对艺术进行收藏的惯例。关于这一点，有必要再次引述本雅明在其文章中涉及这个问题时所作的思考和观点。

有一件事应注意：随着收藏失去了主人，收藏的现象也丧失了意义。尽管公共的收藏从社会角度讲也许弊端更少，于学术兴许比私人收藏更有用，但物品只有在后者才获得自身应有的价值。我不是不知道我在这儿讨论的、有点多此一举地向你们展示的这种人已行将绝迹，但正如黑格尔所说，只有当夜幕降临，智慧女神之枭才展翅飞翔。收藏家灭绝之时也是他被理解之日。

诚如其所言，私人收藏家对于艺术的传承有着无可替代的作用，对待这类德行高尚之人也理应怀有崇敬之心。正是他们令艺术收藏具有了真正意义上的价值，使艺术能够以一种如其所是的完整性存在于世，这样看来，收藏家与艺术可谓相辅相成。

最后，我想借用本雅明在文章中的一句话来结束本文关于艺术与收藏的探讨。此言一语中的地道出了收藏的使命与意义，并且对收藏家这一身份作出了绝佳的回应。

更新旧世界，这是收藏家寻求新事物时最深刻的愿望。

流行病的光影与现实

五 光只从黑暗中来

  导演史蒂文·索德伯格在 2011 年向观众介绍自己当时的新作《传染病》时曾谈道，现在的电影比起过去更被人们当作一门艺术，抑或是一种娱乐，言外之意是希望自己的作品，能够产生其应有的作用。

  斗转星移，2020 年"新型冠状病毒"以迅雷不及掩耳之势传播。然而与该片中的角色们相比，今天当我们身处在这场从天而降般的灾难中时，现实往往要比一切预设的情境显示出更多的黯淡，因为幻想的神秘感已从这一银幕内外的惊人置换中荡然无存。

  与这类电影的经典作品不同，诸如 20 世纪 70 年代在冷战背景下创作的意大利影片《卡桑德拉大桥》，以及 90 年代的好莱坞电影《极度恐慌》，都是以虚构的事件和情节作为故事的架构，并以戏剧性的元素增加虚构的程度，使得本就脱离现实主义风格的作品变得更具有娱乐性，令观众惊骇于出人意料的转折、人物的成长，以及移情的效果。如此一来，观众的注意力便得以从病毒流行的情形中剥离，从而淡化了人们对于致命病毒的恐惧。

  相较而言，《传染病》则是根据 2003 年爆发的"非典"和 2009 年蔓延至全球的"甲型 H1N1 流感"这两次公共卫生事件而进行的艺术创作，影片以一种布莱希特式的"间离"效果让观众时时刻刻都对影片中引发一切的根源，也就是病毒而感到近在咫尺的威胁。

光只从黑暗中来

由爱伦·坡的小说《红死魔的面具》改编的电影,借瘟疫的背景揭示了人性的黑暗面

观众很容易将经验中所目击到的情况与该片中的视觉效果对应起来,这都会唤醒已经被遗忘的瘟疫流行期间所有过的可怕记忆。直到今天正处于新病毒流行下的人再次观看该片时,这种记忆与对现实的目击才被从银幕之外重新投射回了影片中,将受此次疫情影响的地区内所目击到的真实情况与该片中的传染病事件进行对照,会产生一种电影的创作先于现实的错位感,这也令这部作品产生了新的意味。前两次流行病事件中社会上不同身份背景的人曾做出的行为,包括政府、媒体,以及医务人员和公众的反应,被影片中所进行的角色塑造一一展现,令人真正诧异的则是今天发生的许多真实状况,面临同样情况时形形色色的人的行为正变得与影片中的角色们的表现如出一辙。在经历了21世纪的前两次全球性传染病之后,可以看到人性并未发生丝毫的改变。假如人性能够在一种艺术创作中被不偏不倚地推演出来的话,人的存在便失去了个性,因为这种个性被一种共性的行为逻辑所消解。

该片中的封城之举在现实世界中的武汉上演,所产生的后果却与现实中大相径庭。以举国之力将病毒围堵在一座城市中,这场瘟疫与过去历次人们所遭受的瘟疫最大的不同之处便在于此举,集体主义在这当中所发挥的功能令个人英雄式的好莱坞电影找不到任何可供参照的对象。

反观《传染病》在这一点上并未跳脱出传统好莱坞的叙事,疾控中心的一位女科学家在自己的大腿上打了一针此前屡遭动物试验失败的疫苗,使得所有人获得了可免受感染的有效疫苗。这在《极度恐慌》以及更早的《卡桑德拉大桥》中都被用作解决一场病毒危机的不二法门。电影与现实的泾渭分明之处便可见一斑,观众为何会期望在这类电影中看到这样一个可以力挽狂澜的角色的存在,应该源于现实中个人在面对这样一场灾难时感到的无能为力;电影中这样一个凭一己之力化解危难的角色,正是顺应了普通人的这一渴望改变环境的内心诉求,而不是甘于坐视一场传染病将自己原本正常的生活摧毁殆尽。

在影片中,一场瘟疫的流行和结束会令人性变得更完美和更道德。《传染病》的故事开始于一个女人对丈夫的背叛,结束于她少年的女儿和男友间纯真爱情的结合。《卡桑德拉大桥》和《极度恐慌》亦都以一对感情破裂的夫妻作为主角,在共同经历一场疫情后重归于好。

资产阶级的审慎思考

——由电影《去年在马里昂巴德》谈起

五　光只从黑暗中来

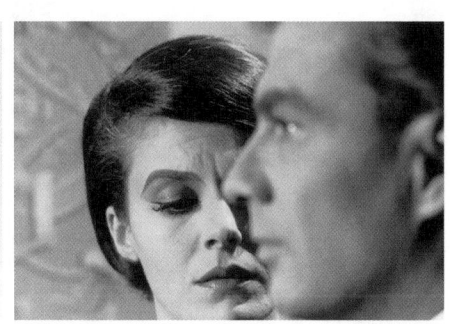

电影《去年在马里昂巴德》剧照 1

　　人分为两种，一种是能将自我的意识纳入世界史的意识之内的生命，这里的世界指的是经过历史学家书写的可靠文本，以及亲历者对现实的深入洞察所共同构成的一种有机体，通俗的讲法就是有着自己的世界观的人；另外一种则是数量更为庞大的群体，即大众。这两种类型的人本质上的差别在于对永恒的不同追求，能够穿透历史与未来的眼光看待事物演变的卓越者，才会是这种追求的承担者。

　　由此可见，像《去年在马里昂巴德》这样桎梏于形式的作品，在今天看来已乏善可陈。这样一部以风格见长的作品类似于一种"高级定制"。由品牌"香奈儿"出资拍摄的这部影片，演员身上的每一套经过香奈儿精心设计的礼服令人过目难忘。然而这部香奈儿的"时装片"之所以过时，很大一部分原因在于其空洞的风格最容易被后来的平庸之辈所争相效仿，使得此类风格的开山之作沦为糟粕。本文将讨论就此引申出来的一场由来已久的争论，对于艺术而言究竟是形式风格更为重要，还是思维方式更为重要。

195

光只从黑暗中来

电影《去年在马里昂巴德》剧照 2

  为了说明问题,在这里不得不借用与该片从表面的形态上看颇为相似的作品来进行比较,《泯灭天使》这部 20 世纪 60 年代时期的电影,与前面提到的这部影片之间只隔了一年的时间问世,却引出了前文所提出的这场争论并使得两部影片高下立判。

  两部影片中的主要人物同属资产阶级,《泯灭天使》充斥着对于这个阶层的愚昧以及自私自利的刻画。与之不同的是在《去年在马里昂巴德》里却只有自我意识的不断扩张,影片中的一对男女总是以一种消极的态度在反复追问欲望的真实性,并且这种欲望始终未能与其所处的时代特征相吻合。哥特式的建筑物内所渲染的是一种中世纪的压抑感,影片所表现的这种禁欲主义的气氛在二战结束后的西欧显然是不合时宜的,并且落入了一种古典的情结之中,现实在片中被表现为凝固的时间。然而对于历史的真相而言,这种凝固时间的做法是危险的,影片所要传达的就是正因为如此才形

电影《去年在马里昂巴德》剧照 3

成了种族主义并间接导致第二次世界大战的爆发；第三帝国所具有的那种重现古罗马帝国荣光的意识，是一种脱离了过去与未来的有缺陷的历史观，时间在法西斯的眼中是凝固的，与整体的人类文明的历史更是相剥离的。

言归正传，《去年在马里昂巴德》中的人物并未从刚失败不久的纳粹的意识形态中有所反思，这种无限扩张自我意识的做法从本质上看与总想扩张领土的法西斯国家并无二致，究其原因都是对于世界的片面的认识所致。

但在《泯灭天使》中，时间却并不是内在的，而是与外部世界紧密相连的一种形式。参加宴会的人物在担忧一场永远无法结束的宴会，他们对这种内在时间的凝固出现在现实中感到了深切的恐惧与不安。因为无法结束这场宴会，他们被困在主人的客厅里

电影《去年在马里昂巴德》剧照 4

互相折磨，以致发展到最后开始互相残杀。这是对于世界史的一种深刻的洞悉，人类的发展之所以会伴随着战争，很大程度上都是因为片中所展示的这种极端环境下的人性所致。而最后发生在教堂内的那次时间的凝固，则预示着更暴力的行为和虚伪的同情心之间的并立，人性的不可靠在这种荒诞不经的推演中不禁要引起观众的警醒。

一部作品、一种思维方式，或者一种美学是否能令人对于世界的认识产生积极的作用，这是判断其价值的一个依据。在自我的意识中忽略与过去和未来的联系，无疑会将人带入一种只关心现在的自我沉沦中，一个国家如果陷入这种缺乏基本历史认知的状态，将会在本就不值得信赖的人性中铤而走险，就像《泯灭天使》结尾处所昭示的那样，人类将无可避免地遭受更大的危难。拯救这种危难的唯一方法，就是从这样深刻的作品中领会世界以及人性的真实，而不是深陷自私欲望的沉沦中，成为尼采在《查拉图斯特拉如是说》里面所说的末人。

五 光只从黑暗中来

电影《泯灭天使》剧照

199

死亡是一个充满诗意的时刻

五　光只从黑暗中来

《绝对原则消解系列 2 号》布面油画
200cm×160 cm

作为"85 美术运动"时期的领军人物，舒群首先是一位艺术家，在审美与世俗的两个方面，他使用别具一格的带有古典隐修气息的艺术语言，以及投身其中的社会实践者的现代面目示人，在哲学与艺术乃至社会学方面的探索，为我们提供了下述真知灼见。

汪萧：《红与黑》里于连在穿红色的法国军装和披黑色的宗教制服之间完成了超越自己，您曾说自己的童年就是在"红与黑"中成长的，您的父母都是一家精神病院里的医生，您被夹在精神病院内一种压抑的黑色气氛和外部环境的红色激情之间，而您完成超越自己去创造的方式是绘画。

舒群：谈到于连，让我想到卢梭的《忏悔录》。司汤达的《红与黑》肯定是以卢梭为原型塑造出于连这个角色的，法国大革命以后，人们在法国文学、俄罗斯文学、中国文学中发现了大大小小的于连式的人物。我们年少时就是以卢梭为榜样，以拉斯蒂涅、约翰·克利斯朵夫等形形色色有于连色彩的冒险家为心中偶像去闯荡"艺术圈"的江湖。在"北方群体"那帮朋友里，任戬对这种叙事迷恋最深，王广义则一面着迷于这种叙事，一面又调侃着我、任戬、刘彦过于沉醉于对这种叙事的幻想的幼稚状态……差不多在我们策动"85美术运动"的整个过程中我们都怀揣着这个剧本，对从身边

五 光只从黑暗中来

1.1970年父亲舒展在中国美术馆为全国中草药展览绘制油画
2.1971年 舒群和父亲
3.1981年 舒群在鲁迅美术学院宿舍
4.1986年4月全国油画艺术讨论会，前排左起：高名潞、张培力、唐庆年、朱青生、李山。后排：舒群
5.1986年8月 珠海会议现场
6.1990年 王广义、任戬、刘彦、舒群在武汉大学

走过的各色人物投射可笑的幻想。我至今清楚地记得王广义在和我一起给各地的"群体"发走最后一封《中国美术报》的约稿信后，已是黄昏时分，走在华灯初放的街头，广义忽然对我感慨说："咱俩真像外省人在巴黎！"如今回想这个时刻，仿佛已经是一百年前的事了。因为这之后伴随时代风云的变幻，我们的世界观早已发生巨大变化，从20世纪90年代到2020年，其间文化场域"知识型"的更新迭代几乎是灾变式的，我们少年时代的浪漫情怀即使在我们自己的内心深处也已几乎不见踪影，更不要说它在当代艺术圈里公共话语中的痕迹了。不知是进化，还是退化，现在让我来评价于连这个角色，我基本是深恶痛绝的，包括对卢梭本人，我对其评价基本上是罗素式的，尽管其人生道路有令人同情之处，但通过如此下流龌龊的路径实现梦想在现今的我看来这太卑鄙了！艺术家的梦想本就是超人之梦，一个超人岂能容忍自己走一天于连之路？如尼采所赞，超人是大海的浪花！超人是划过夜空的电火！超人是一支射向彼岸的箭！超人是大地的意义！超人形象的意象已由尼采的诗句给出

风格，这个风格绝不是于连、拉斯蒂涅之辈所能问津的。

汪萧：20世纪80年代的浪漫似乎商业化了，用您的话说就是退化了，但与那时候人的幼稚相比今天是一个贫乏的时期，那份幼稚现在看来是可爱的，亦是可贵的。

舒群：说得好！但是我未从这个角度来思考。可能长时间沉沦于末人主宰的世界，我倒是忘了我们年轻时候的青春朝气了，现在我更多思考的是安全和幸存的问题！我总觉得1789年以来的灾变让太多青年人做了无谓的牺牲，其实人在平淡的生活中未必不能拥有伟大的心魂！

汪萧：您是一位心怀天下的艺术家，这是今天的年轻人与你们那一辈人最大的分别，今天的大部分年轻人都不关心世界，只在乎更多的消费，我认为这就是所谓的"末人"。

舒群：的确如此，这就是为什么我会走回归之路的根源！艺术家

1.1990年北方艺术群体成员在武汉
2.1990年舒群、任戬、王广义在武汉
3.1992年广州90年代艺术双年展
4—5.1992年2月舒群在成都

五　光只从黑暗中来

们从事创作肯定各有理由，古老的格言早说过，"趣味问题讲不清"。但是真正好的艺术家一定在其创作中有自己的"幽灵"。

汪萧：我很赞同您所走的这条回归之路，马基雅维利认为国家也需要像人体进行新陈代谢一般，在适当的时候回到建立之初，您的艺术创作的历程也印证了这一点。

舒群：去激活或重塑。

汪萧：对，就是一种重塑，这或许也是永恒轮回的一部分！

舒群：此外中国的文明的确是一项伟大的工程。

《绝对原则系列1号》布面油画 200cm×160cm

汪萧：今天我们似乎正变得更为传统。

舒群：我完全认同你的看法，的确年轻一代变得越来越传统，其实这是一种好现象，我的奋斗在很大程度上就是力图通过创作或者写作去重塑读者对传统的发现！

汪萧：从您最近的《数·诗系列》可以看出您的艺术语言又回归到了最早的《绝对原则》，您觉得我们今天的生活也能像艺术创作上所进行的那样有一种回归吗？您眼中基督的世界更像是托尔斯泰和陀思妥耶夫斯基这些沙俄时期的文学巨匠所信仰的东正教，而不是强调受难的天主教。

舒群：我希望我们在生活方式上也能有一种回归，最起码在心境上需要一种精神上的回归。在唐诗宋词、两宋山水画里面有最好的生活理念。只是在今天的语境中，一部分人通过宗教返回家园。

汪萧：您的意思是比起审美，今天我们更需要一种逻辑，或者说信仰？

舒群：是的，我们得先有某种信仰，通过这条信仰之路或逻辑之路，我们才能回归审美，今天的审美之眼已经失明了。我的确更喜欢东正教的气质，尤其喜欢陀思妥耶夫斯基式的信仰，毕竟东正教对圣母的信

《象征的秩序系列·一种后先锋主义 12 号》
布面油画 225cm×195cm

《象征的秩序系列·一种后先锋主义 14 号》
布面油画 225cm×195cm

仰和中国的母体崇拜有某种缘起论或本体论上的相似性。天主教和新教似乎是现代性之源，但是今天现代性必须考虑改辕易辙了！

汪萧：资本主义革命和工业革命推动了现代文明，但殖民扩张的终结从某种程度上意味着现代性的改弦易辙，只是目前还似乎看不到任何的改变，这种改变就是您所期望的一种新的现代性！

舒群：的确需要一种新的现代性的诞生！尽管东正教没有强调"受难"的教义，但是基督教在语法上都对悖论有深刻的领会力，《圣经·旧约》中的故事在我看来几乎都是在教诲对悖论的理解！中国人对悖论的理解往往望文生义，仿佛文字上的说法就是事件本身，完全无视文本与事件之间的巨大距离、矛盾和冲突。

汪萧："耶稣是第一个懂得悲哀美的大诗人。"这是王尔德的评价，由此可见您对《圣经》和古希腊悲剧的推崇都是一致的，是一种

1.1990 年王广义、任戬、刘彦、舒群在武汉大学
2—3.1994 年舒群在武汉大学
4.1995 年舒群和学生在一起
5.2001 年栗宪庭、李路明、舒群、黄笃在上河美术馆展览现场
6.2001 年舒群在西南交通大学授课现场

对于矛盾的认识。

舒群：对！

汪萧：美国这种靠着不断消费去发展的模式事实上是今天自由生活的滥觞，您觉得我们中的有识之士在反对这种生活方式的同时是否真诚？也就是说既提倡自由又否定商业化，似乎商业化是个他者，我们却都要求自由，然而我们反对他人总是比反对自己更真诚。

舒群：我认为应该把商业化和消费主义分开，商业化只是生活世界循环运转的一种技术手段，通过商业化运营模式，世界被合理控制与安排。因此商业只是一种"物流"，而"消费主义"，尤其当其以"主义"现身之时，消费便不只是一种物流活动，而是成为一个"剧本"似的形而上学，一种"商品拜物教了"。这种"商品拜物教"可能是人类历史上最糟糕的"宗教"之一，对"信众"造成的伤害，历史地看可能无法估量！合理地运用商业模式管理社会，当然是自由文明最重要的土壤，如果没有商业的繁荣，也就毁灭了自由！因此那些"有识之士"大概没有深思这个问题。

汪萧：您的意思似乎是想将消费主义拉回到商业化，这就好像艺术的前身可以是宗教，就对人的影响而言艺术是更无害的，但这也是一种悖论！

舒群：说得好！我就是想把宗教与艺术融而为一。想把今天的宗教拉回到原始艺术那样的状态已是不可能的事，世界宗教**最繁荣**的年代——12、13 世纪，宗教也已发展为高级宗教，主教们都是伟大的思想家，是他们的思辨活动孕育了"现代性"逻辑的发展。当前的艺术形式表象上倒是有一点"原始艺术"的趣味性！但现代人卷入这种"**迷狂**"不是神志恍惚的"**迷入**"，而是貌似"**迷入**"的身心解放。各种各样的艺术自由都是寻求身心解放的奋斗，看上去很美，生机盎然！

汪萧：艺术的生机就是人的生机！您怎么看新媒体艺术？也就是最近流行的沉浸式的展览，我认为其中大部分依然是世界变得美国化的一种现象，服务感官而不是传播思想，比如好莱坞电影制造的景观社会，事实上是一种削弱生命意志的毒品，但特别受到年轻人的追捧！

舒群：我非常同意你对美国"景观社会"文化的看法！新媒体艺术正是这种景观文化策略的衍生产品，在新媒体艺术中，我们看不见任何积极向上的东西，只看见彻头彻尾的意志消沉和精神分裂似的人格面貌。这种失去了意志、精神方向，甚至失去了能量的面孔是今天的时代现象学！这些特质最有效地通过新媒体艺术得到了传播。一个靠吸食鸦片度日的空心人！大概新媒体艺术营造的"迷幻"视觉是医疗忧伤的灵丹妙药，最起码可以给年轻人带来瞬间的快感——一个靠吸食文化鸦片虚度光阴的"空心人"人群！

汪萧：可惜现在很多年轻人容易上这种"景观文化"的当，因为这都不是文化，充其量不过是一种时尚潮流，是社会的一个华而不实的标签，类似商品的标签的作用。

舒群：非常赞！类似商品的标签的比喻是一个神来之笔。

汪萧：这是一种引人向下的标签。

舒群：好说法！尼采也谈到向下，但是他说：必须是神圣的下降！

汪萧：我借用的正是他的语言！

舒群：这里又碰到一个悖论了。

汪萧：悖论总是值得深思的，其实是代表了一种思想的高度。《数·诗系列》就是反沉浸式的，我可以从里面看到与遥远过去的联系，一种隽永的不朽的事物，跟今天周围生活的一切都是相剥离的，您用自己的意志将我们带回到了一个曾有着真相的世界，那首先是您个人的精神世界，谈谈这个世界吧！因为"诗"毕竟是形而上的。

舒群：说得好！"将我们带回到了一个曾有着真相的世界。"长久地沉浸于"白色弥撒"的沐浴中，以至于我们忘了曾经的真实，黑格

2009 年舒群 OCAT 深圳个展

光只从黑暗中来

2010UCCA 乌托邦及其精神文化遗产讲座　　　　　　　　　2010UCCA 舒群个展新闻发布会

尔说："那是一个远瞻星辰的时代，在那里，一切意义都来源于光线！"在绵邈幽深的峡谷中有宁静的夜晚……在早期基督教徒的群落生活中有天人合一的宁静，有物我两忘的美感。每一个灵魂个体都过着恬静、自律的生活。沉思、讨论、冥想构成生活的主要内容。

汪萧：黑格尔还说过，"只有当夜幕降临，智慧女神之枭才展翅飞翔"。您是在追溯历史中的光线，在今天已经被我们视为夜幕中的人类的过去，这就是海德格尔所说的"诗人的职责是回到故乡"。

舒群：现代消费主义把一切都吸入自己的忧郁症患者式的饥饿当中，巨大并高速旋转的吞吐装置撕裂了所有灵魂个体的独立性，令精神个体陷入惶惶不可终日的困境中。

汪萧：所以这就是重回人类的过去的意义。当代艺术似乎鲜有人触及这个主题，您的作品所关注的是个例外，抑或您是个例外？

五 光只从黑暗中来

《问 惟语录系列 种后先锋主义 2 号 ∧》
布面油画 200cm×170 cm

舒群： 我的工作对这个世界而言，之所以会成为一个"例外"，是因为当前这个世界已经沦为世界历史的"例外"！重返人类初始的家园的想象成为一个最富感召力的启示。

汪萧： 您说过当代艺术是目击、凝视和见证。我们正在见证这样的预言，并等待见

213

证想象成为真实。今天世界的主要问题很大程度上是源于"虚无"所导致的激进，我们正在经受又一次集体精神的危机，旧的道德秩序崩溃却未能迎来新秩序的建立。我很赞同您提出的让我们再一次希腊化的观点，这个观点既是诗意的又是现实的，在商品过剩所带来的精神腐化后更加需要一种对于悲剧美的认识，唯有这样的美才能拯救我们岌岌可危的世界。

舒群：我也非常同意你的这个观点：今天世界的主要问题其实都是源于"虚无"导致的激进！正因为现代人认识到了"虚无"，才催生了"消费社会"娱乐至死的人生观。其实在早期苦修者沉思、冥想、探讨的精神生活实践中，人们是活在生死两忘的审美乌托邦或寂静乌托邦状态中的，在这种状态中，死亡是一个充满诗意的时刻！

五　光只从黑暗中来

《同一性语态系列·一种后先锋主义 1 号 A》
布面油画 200cm×170cm

光只从黑暗中来

舒 群

1982年毕业于鲁迅美术学院中国画系,获得学士学位。1984年与王广义、任戬、刘彦等哈尔滨艺术家联合创建"北方艺术群体",翌年出任理事长,同年任黑龙江省文联《北方文学》杂志美术编辑,并与吕瑛联袂创办《外国小说选刊》,主持"外国美术欣赏"栏目。1986年与王广义、高名潞、刘骁纯联合策划"85青年美术思潮幻灯图片展暨学术研讨会",即"珠海会议"。现工作生活于成都。

多次受邀在德国、美国、澳大利亚、俄罗斯、韩国等国以及内地、香港举办个展和参加群展。作品被民生现代美术馆、尤伦斯基金会、龙美术馆、余德耀美术馆、广东美术馆、广东艺术博物院、上河美术馆等及私人收藏。个展经历:2010年,"舒群的绘画:一个轻于乌托邦的未来文化方案?"尤伦斯当代艺术中心,北京;2009年,"图像的辩证法:舒群的艺术",何香凝美术馆OCT当代艺术中心,深圳。重要群展:2020年,"巨浪与余音——重访1987年前后中国艺术的再当代过程",中间美术馆,北京;2020年,"绵延:变动中的中国艺术",北京民生现代美术馆,北京;2018年,"转折点——中国当代艺术四十年",龙美术馆,上海;2016年,"记忆成为早晨——吉迪恩·鲁宾对话舒群",成都当代美术馆,成都;2016年,"釜山双年展——混血的地球,诸众知性的公论场",釜山市立美术馆,釜山;2015年,"北方艺术群体",星艺术机构文献展,香港;2015年,"民间的力量",北京民生现代美术馆,北京;2011年,"纸上美术馆·12位华人艺术家",伊比利亚当代艺术中心,北京;2010年,"改造历史 2000—2009年的中国新艺术",国家会议中心,北京;2010年,"中国当代艺术三十年1979—2009",民生现代美术馆,上海;2007年,"85新潮·中国第一次当代艺术运动",尤伦斯当代艺术中心,北京。

图书在版编目(CIP)数据

光只从黑暗中来 / 汪萧著. —上海：文汇出版社，2021.12

ISBN 978-7-5496-3672-3

Ⅰ.①光... Ⅱ.①汪... Ⅲ.①文艺评论—中国—当代—文集 Ⅳ.①I206.7-53

中国版本图书馆CIP数据核字(2021)第269216号

光只从黑暗中来

著　　者 / 汪　萧
责任编辑 / 林下风
封面题字 / 栗宪庭
装帧设计 / 税　颖
设计订正 / 曹　祎
封面摄影 / 朱丽英

出版发行 / 文匯出版社
　　　　　上海市威海路755号
　　　　　（邮政编码200041）
印刷装订 / 上海丽佳制版印刷有限公司
版　　次 / 2021年12月第1版
印　　次 / 2021年12月第1次印刷
开　　本 / 720×1000　1/16
字　　数 / 280
印　　张 / 14.25

ISBN 978-7-5496-3672-3
定　　价 / 98.00元

版权所有　侵权必究
（如有印装质量问题，影响阅读，请与本社市场部联系调换）